DAL I FRYGOWTHAN

DAL I FRYGOWTHAN

WILLIAM OWEN

ⓗ William Owen 2005 ©
Gwasg y Bwthyn

ISBN 1-904845-24-X

Cedwir pob hawl.
Ni chaniateir atgynhyrchu unrhyw ran o'r cyhoeddiad hwn na'i gadw
mewn cyfundrefn adferadwy na'i drosglwyddo mewn unrhyw ddull na
thrwy unrhyw gyfrwng electronig, electrostatig, tâp magnetig,
mecanyddol, ffotogopïo, recordio, nac fel arall,
heb ganiatâd ymlaen llaw gan y cyhoeddwyr.

Cyhoeddir y llyfr hwn gyda chymorth ariannol
Cyngor Llyfrau Cymru.

Cyhoeddwyd ac argraffwyd yng Nghymru
gan Wasg y Bwthyn, Caernarfon

CYNNWYS

1. Cofio Gwenllian 9
2. Dau lun 15
3. Sgyrsiwn i Fienna 24
4. Dathlu'n briodol 34
5. Setlo cownt mewn aduniad 42
6. Mordaith olaf y Gracie 50
7. Hen boster 55
8. Cyfarwyddiadau i ŵr ifanc sut i ddewis gwraig 61
9. Y whinjar 66
10. Mwy am 'Lol' 75
11. Eiddo llanc o efrydydd 85
12. O edrych drwy'r ffenest 91
13. Y tristwch hwn 95
14. Cyflwyno'r siaradwr 110
15. O Kylie Minogue a Madonna i Waldo a Tom Nefyn 116
16. Rhodio 'mhlith y beddau 127
17. Hel cerrig 142
18. Dirgelwch y goron 149
19. 'Rhen Bâr 154
20. Annwyl Santa . . . 164
21. Helyntion y Fona Leusa 171
22. Ar doriad gwawr yn Locronan 180
23. Lle dim byd? 186

I
FFLUR A ROBIN
AM WARCHOD FFLOS

RHAGAIR

Petawn i heno yn dychwelyd i'm henfro, mi wn am un aelwyd ple byddai ei haelodau yn ddigon parod i roi fy nghiarictor i mi yn y fan a'r lle – a heb yr un blewyn ar dafod chwaith! 'Does ond ychydig fisoedd er pan ddigwyddais alw heibio ar fy hald i ganfod y penteulu, yn ôl ei arfer, yn hael odiaeth ei groeso, os fymryn yn llym ei dafod.

'Sut wyt ti ers canto'dd Wil Pengraig?' holodd, 'mi wyddwn dy fod ar dir y byw o hyd achan, achos mi fydda i'n gweld dy hanas di yn y papur amball dro a dallt dy fod chdi'n dal i fynd o gwmpas yn brygowthan rwla o hyd.'

A dyna osod dyn yn daclus yn ei le! Ystyr y gair iddo ef oedd traethu gwag a digon disylwedd yn aml. Boed a fo am hynny, brygowthiwyd ambell un o'r darnau hyn eisoes ar dudalennau *Taliesin*, *Y Casglwr* neu'r *Arwydd* a'u siort, ond fe ychwanegwyd dyrnaid o frygowthan pellach atynt i ffurfio erbyn hyn gyfrol gyfan o frygowthan!

O'r gorau, rwy'n ddigon parod i gydnabod nad oes unrhyw fath o frygowthan sy'n uchel iawn ei safon, sy'n ddeunydd trymfawr a dyfnddysg dyweder. Gan hynny ni ellir disgwyl i'r brygowthan hwn chwaith fod yn eithriad! Ond, os oes yma frygowthan a rydd ddim ond y mymryn lleiaf o foddhad achlysurol i ryw ddarllenydd, rywle, ni fydd y brygowthan diweddaraf hwn o'm heiddo wedi bod yn un cwbl ofer.

Unwaith eto, rhaid cydnabod dyled i'r rhai a fu'n gymorth ar y daith. Heb nawdd arferol y Cyngor Llyfrau byddai pethau wedi bod yn o ddu. Derbyniais bob cefnogaeth a chydweithrediad swyddogion Gwasg y Bwthyn wedyn, June Jones, y rheolwraig ymroddgar a Maldwyn Thomas, y swyddog cyhoeddi athrylithgar. Mae fy niolch yn ddifesur iddynt am eu hymddiriedaeth. Pleser arbennig yn ogystal y tro hwn oedd medru dibynnu ar fy nai, Ken Owen, i fwrw golwg dros y deipysgrif. Bu iddo f'arbed rhag ambell gyfeiliorniad. Yn sicr, yn ei achos ef, mae'r wialen bellach wedi tyfu'n ffon!

Cydnabyddir yn ddiolchgar Syr Kyffin Williams, Nigel Hughes, Gwenda Richards, Margaret Rees Owen, Jennifer Thomas, am yr hawl i atgynhyrchu rhai lluniau y perthyn yr hawlfraint iddynt ac ymddiheurir os bu i mi gynnwys ambell un arall na wyddwn pwy oedd berchen yr hawlfraint honno. Cydnabyddir yr un pryd hawl rhai beirdd ac ambell lenor i rai pytiau byrion a ddyfynnwyd yn achlysurol yng nghorff y gwaith.

Go brin hefyd y byddai unrhyw wasg yn barod i dderbyn unrhyw waith ar gyfer ei gyhoeddi pe bai hwnnw wedi ei gyflwyno yn llawysgrifen, annealladwy yn amlach na pheidio, yr awdur. Dyna pam y mae fy ngwraig, Susan, wedi bod mor barod, bob amser, i ddod i'r adwy mor ddirwgnach. Beth wnawn i hebddi a'i llafur enfawr ar fy rhan, wn i ddim. Eithr yn awr rwy'n gorfod ymatal rhag unrhyw frygowthan pellach, wrth imi ryddhau y casgliad bach hwn o'm gafael a'i ollwng ar drugaredd hen fyd creulon y tu allan! Does gen i ond gobeithio y bydd y rhai ohonoch a fydd yn rhoi eich llinyn mesur arno yn lled drugarog!

WILLIAM OWEN
Borth-y-gest

COFIO GWENLLIAN

Erbyn meddwl ac o ystyried popeth, doedd o rywsut ddim y math o fore i gyrchu i Sempringham er mai hwnnw oedd ein hunig ddewis. Doedd 'na 'run arall. Roeddem yn aros dridiau nid nepell o Newark ar Drent ac fe fanteisiwyd ar gyfle prin. Cwta awr i ffwrdd oedd o.

Cymryd yr A17 ar gyrion Newark a'i gwneud hi i gyfeiriad Sleaford. Yna, ar ôl mynd heibio i Goleg Awyrlu Cranwell troi i'r A15 am Bourne. Hawdd ddigon ymhen ryw bum milltir oedd ymatal rhag llithro i'r demtasiwn o gymryd yr A52 am Grantham rhag i ddyn gael ei hun mewn mangre mor halogedig â hwnnw y bu gan 'yr hen Wyddeles' gysylltiadau mor agos ag ef. Pydru yn ein blaenau yn hytrach nes cyrraedd Folkingham a throi i'r chwith am bentref mwy cysglyd fyth, sef Billingborough. Rhwng Billingborough a Pointon, y pentref nesaf wedyn, meddwyd wrthym, y mae Sempringham ond fe'n rhybuddiwyd i gymryd gofal rhag i ni fynd drwyddo heb sylweddoli. Yn wir ac yn wir, fe fu ond y dim i ni â gwneud hynny!

Does dim arlliw ohono ar unrhyw fap a welais i beth bynnag. Does yno ddim namyn dyrnaid o dai. Welsom ni'r un siop ar gyfyl y lle. Iard yn gwerthu addurniadau gardd, dyna'r oll. O'i gymharu â Sempringham ymdebygai Carreg-lefn i ryw fetropolis! Ond yr oedd eglwys Normanaidd Sant Andreas i'w gweld yn blaen ar godiad tir ar y dde. Dinas a osodir ar fryn ni ellir ei chuddio. Yn arwain tuag ati am oddeutu tri chwarter milltir roedd math o ffordd drol go dda, neu'n gywirach hwyrach, ffordd werdd.

Roedd hi'n fore hyfryd. Nid diwrnod sâl i gyrchu yno doedd bosib; un tyner braf, y math a geir ar dro yng nghanol Mawrth, yr awel yn fwyn, yr awyr yn las, pelydrau'r haul yn anwesu ein gwegiliau, y ddaear fel petai ar fin ymystwyrian wedi'r hirlwm, yr adar yn paratoi i ddechrau nythu, ambell amaethwr yn troi ei dir, y gwanwyn yn ei bygwth hi o bob cyfeiriad. Lle dymunol wedi'r cwbl oedd Sempringham, dim tebyg i'r hyn yr oeddem wedi ei ddisgwyl.

Mae'n wir ei fod yn fangre neilltuedig ond ble'r oedd y glawogydd a'r niwloedd tragwyddol, y dwyreinwynt creulon a allai frathu 'dat fêr yr esgyrn, yr elfennau afrywiog a gwrthnysig, hinsawdd sydd, ac a fu erioed mor nodweddiadol o wastadeddau agored digroeso gwaelodion de Swydd Lincoln? Onid dyna'r elfennau oedd gyfarwydd i Wenllian yn ystod yr hanner canrif a rhagor o'i charchariad hir yno yn Lleiandy Urdd Sant Gilbert, nad oes gyda llaw nemor olion ohono ar ôl bellach. Bron nad edwyn ei le ychydig lathenni i'r de o'r eglwys bresennol ddim ohono ef mwy. Mor hawdd oedd cael camargraff y bore tawel hwnnw.

Stablu'r cerbyd ar gwr y fynwent daclus. Doedd yno'r un enaid arall ar y cyfyl. Cyfle i flasu'r awyrgylch, i synfyfyrio heb i neb darfu ar ein meddyliau nac ar y tawelwch fe obeithiem, eithr toc gwelwyd modur arall yn troi oddi ar y brif ffordd ac yn ei gwneud hi'n fwriadol araf i'n cyfeiriad. Ai Cymry tybed? Ai rhagor o bererinion gwlatgar?

Cwpwl canol oed oeddynt a theriar bychan a welsai ddyddiau gwell yn llusgo'n fusgrell wrth eu sodlau, creadur erbyn deall oedd yn dipyn o Fathiwsala ymhlith cŵn, yn tynnu am ei ddeunaw oed!

Fe'n cyfarchwyd yn foneddigaidd ond ffurfiol â 'Bore da. Sut ydych chwi heddiw? Mae'n fore braf . . .,' led chwithig, cyn i'r gŵr lithro'n ôl yn ymddiheugar i'w famiaith – *'I'm so sorry but I'm afraid that is the very limit of our Welsh.'*

Dau o Gaerlŷr yn wreiddiol ond eu bod wedi ymsefydlu yn un o drefi Gwynedd ers un dwy flynedd ar bymtheg ac â merch ganddynt yn byw yn Billingborough gerllaw. Hi oedd wedi clywed fod cofgolofn i ryw *'Wencilian – a Welsh princess'* wedi ei chodi'n ddiweddar yn Sempringham ac yr oedd ei rhieni, o ran teyrngarwch i'w gwlad fabwysiedig yn fwy na dim, wedi picio draw i weld drostynt eu hunain fel petai. Mynnent holi a allem ni tybed lenwi rhai bylchau yn eu gwybodaeth.

Fe wnaethom ein gorau gan fanteisio'r un pryd ar y cyfle i ymfalchïo yng nghampau Llywelyn y Llyw Olaf, fel y llwyddodd dros gyfnod byr o leiaf i sicrhau annibyniaeth wleidyddol i Gymru ond gan egluro sut y daeth diwedd ar yr wladwriaeth Gymreig honno y ceisiai ei hyrwyddo ac y chwalwyd yr holl freuddwydion ar Ragfyr 11, 1282 pan gwympodd ar lannau Irfon ger Llanfair-ym-Muallt. Ei drywanu gan filwr na wyddai ar y pryd hyd yn oed pwy ydoedd. Soniwyd am y gwarth o dorri ei ben a'i ddwyn i Lundain i'w arddangos yn gyhoeddus yno ac fel y claddwyd ei gorff gan Sistersiaid Abaty Cwm Hir.

Doedd fawr o ddiben trafferthu i egluro fel yr ysgogwyd nifer o feirdd o ganlyniad i'r trychineb hwnnw i ganu eu marwnadau a'u galarnadau. Go brin prun bynnag eu bod wedi clywed am Gruffudd ab yr Ynad Coch na chwaith am eiriau dwys y Prifardd Gerallt yn ei awdl *Cilmeri* –

> 'Â chof sy'n hwy na chofio, fe welaf
> Eilwaith ddydd ei lorio,
> Ac ail-fyw ei glwyfau o
> Â galar hŷn nag wylo.'

'But where does Wencilian fit into all this?' holent ymhellach.

Ceisiwyd dangos mai hi oedd unig ddisgynnydd cyfreithlon Llywelyn o'i briodas ag Elinor, merch y Barwn Simon de Montfort. Yr oedd wedi ei geni yn Abergwyngregyn ar y deuddegfed o

Fehefin 1282 ond collasai ei mam ar yr enedigaeth. A chyn diwedd y flwyddyn yr oedd Llywelyn yntau wedi ei ladd fel mai hi oedd yr un a allai o bosib yn ddiweddarach godi baner a pheryglu penarglwyddiaeth Edward y Cyntaf, brenin Lloegr, dros Gymru. Er mwyn osgoi unrhyw fygythiad pellach, yr hyn a wnaeth hwnnw oedd cysylltu â'r awdurdodau ym Mhriordy Sant Gilbert yn Sempringham ac yno, yn ddim ond blwydd a hanner oed, yn ddigon pell o wlad ei thadau y cludwyd hi. Yno yn lleian anfoddog y caethiwyd hi weddill hir ei dyddiau – hyd ei marw ar y seithfed o Fehefin 1337.

Aeth y cyfeillion yn eu blaenau i roi tro o gwmpas yr hen fynwent tra bod ninnau'n troi yn ôl i gael golwg arall ar y maen coffa yr oeddem wedi mynd heibio iddo ar ein ffordd i fyny. Fe saif ar y chwith, hanner y ffordd rhwng y lôn fawr a'r eglwys, ac y mae wedi ei lythrennu'n gain gan Ieuan Rees. Fe'i gosodwyd yno gan Gymdeithas Gwenllian yn ystod haf 2001 wedi i'r un cyntaf gael ei ddifrodi gan fandaliaid. Mae coeden neu ddwy yn cysgodi drosto ac o gwmpas ei odreon y bore hwnnw, yn llygad yr haul ac yn sirioli'r fangre, roedd toreth o saffrwn a daffodil yn eu llawn flodau. Doedd dim deng niwrnod er pan fuasai'n Ŵyl Ddewi ac yr oedd rhywun meddylgar wedi gadael torch arall yn ogystal yno ac wedi sgriblo ar ddarn o gerdyn *'For Gwenllian on St David's day.'* Caed tystiolaeth hefyd fod dirprwyaeth o fudiad Merched y Wawr wedi hen fod yno o'n blaenau.

Dim ond un peth a barai ddiflastod sef bod rhywun wedi caniatáu i'w gi godi'i goes a baeddu rhwng y blodau, gan roi'r argraff fod epil y gorthrymwr yn dal o hyd i fod yn fyw iawn yn y tir. Roedd fel petai'n ymdrech i fwrw sen ar yr un gâi ei choffáu yno, un nad oedd yng ngolwg rhywun dihitio yn ddim mwyach namyn cynrychiolydd anghofiedig ryw hen, hen hiliogaeth a ddirmygwyd ac a fathrwyd dan draed ers nifer helaeth o ganrifoedd.

Ond doeddem ni er hynny ddim ar frys i adael. Gallai dyn feddwl am laweroedd o leoedd gwaeth i gael ei garcharu. Eithr pobl â dewis o'r amseroedd a'r prydiau oeddem ni, rhai â'r rhyddid i

fynd ac i ddod fel y mynnem. Y tro nesaf bydd raid cyrchu yno ym mis Tachwedd. Hwyrach y byddai'n haws siarad â rhywun wedyn!

Roedd hi'n Dachwedd ar Wenllian wastad. Chafodd hi rioed gyfle i dystio i dreigl sicr y tymhorau. Chafodd hi fawr o gip y tu draw i ffiniau llwyd y lleiandy. Wyddai hi ddim mo'r gwahaniaeth rhwng gwanwyn a gaeaf. Peth prin iddi hi oedd clywed cân aderyn, prinnach fyth sŵn murmur nant. Chawsai hi rioed grwydro'n rhydd yn y meysydd agored, i gasglu blodau, i arogli gwyddfid a gwair mis Mehefin, i gasglu'r mwyar ar y perthi, a'u blasu, i ryfeddu at ogoniant ambell fachlud. Nid i'w rhan hi erioed y daeth y wefr o brofi'r rhin 'sydd mewn ymlyniad mab a bun'. Prin ei bod wedi clywed y Gymraeg yn cael ei llefaru. Ni allai ei siarad ei hun. Doedd neb i'w dysgu iddi.

Ei thynged hi oedd gwrando ar y glaw diddiwedd a'r gwynt o'r dwyrain yn ubain ddydd a nos ym mrigau'r coed o gwmpas ei charchar wrth iddi fynych flin ddyheu am ymwared a dwys obeithio y byddai'r niwloedd yn codi ac y dôi rhyw ddydd 'ryw awel hyfryd o'r gororau pell' yn y gorllewin i'w rhyddhau o'i gwewyr. Er na ddaeth 'na ddim. Pan ddaeth ei phenyd i ben ar y seithfed o Fehefin 1337, roedd hi wedi treulio hanner cant a phedair o flynyddoedd mewn caethiwed.

Sylw olaf y cwpwl y bu inni eu cyfarfod wrth yr eglwys a fynnai aros yn y cof wrth inni adael Gwenllian a throi yn ôl i gyfeiriad Cymru a chartref – '*What a shame.*'

Oedd yn sicr, yr oedd o'n shêm – yn warth dirfawr.

> 'Wylit, wylit Lywelyn,
> Wylit waed pe gwelit hyn.'

DAU LUN

Llun o Ushuaia yw'r cyntaf. Fûm i erioed yn Ushuaia cofier. Ni fûm, a'r tebygrwydd yw nad af chwaith, byth bythoedd ar gyfyl y fan, er bod gen i eitha' syniad bellach sut le ydi o hefyd. Hen le digon diflas yn ôl pob tebyg, a llwydaidd digroeso, gyda'r mynyddoedd o'i gwmpas fel bryniau tragwyddoldeb y mae eu godreon, yn llythrennol felly, yn derfynau eithaf y ddaear.

Eto i gyd, er nad oedd fy mhoced bid siŵr yn caniatáu afradlonedd o'r fath, mi gredais dro'n ôl i brynu llun o'r fangre. Os afradlonedd hefyd. Byddai ambell un mwy rhesymol ei farn yn barotach hwyrach i ystyried y peth yn fuddsoddiad. Prun bynnag, am fod gen i wendid am bethau o'r fath, fe ildiais yn rhwydd ac yn llawen i'r demtasiwn, gan adael i ganlyniadau anochel y weithred – y byddai raid i ni fel teulu am y rhawg wedyn fyw ar awyr iach a dŵr ac ati – fel ystyriaethau i'w gohirio ac i ddwys fyfyrio yn eu cylch ryw dro arall!

Mewn arddangosfa o waith Kyffin Williams yn Oriel Tegfryn ym Mhorthaethwy yr oeddem ni. Roedd trigain a rhagor o luniau a brasluniau mewn pensil ac inc a dyfrlliw wedi eu cynnull ynghyd, deunydd a luniwyd o bryd i'w gilydd i foddhau ysfa greadigol yr arlunydd o Fôn pan oedd ar rai o'i deithiau mewn parthau tramor. Yn ôl pob tebyg gweithiau wedi eu creu o dan amodau digon amrywiol ac mewn pob mathau o dywydd oeddynt, mewn gwynt ac mewn glaw, mewn stormydd ac mewn hindda, dan heuliau poethion neu tra bod yr elfennau'n llym a gwrthnysig, yr eira'n drwch, a'r ddaear wedi rhewi'n gorn, ond fod y cyfan yn cyfleu brwdfrydedd eu crëwr am leoedd diddorol a phellennig. Ymhlith y mannau rheini yr oedd Fenis a Siena, Asisi a Rhufain, ynysoedd gogledd yr Alban a'r Tirol, Llydaw a Pharis, gorllewin Iwerddon a dyffrynnoedd afonydd Loire a Dordogne. A Phatagonia.

Llun mewn inc a golch a berthynai i'r cyfnod a dreuliasai'r arlunydd yn Ne America ar derfyn y chwedegau a gydiodd yn fy nychymyg i – Rhif 62 – yn dwyn y label Ushuaia. Mae hanes yr ymweliad hwnnw wedi ei groniclo'n fedrus mewn dwy bennod yn ail gyfrol hunangofiannol yr awdur. Yn wir, ar gyfer ei atgynhyrchu yn *A Wider Sky* (Gwasg Gomer – gweler tudalen 185) y bwriadwyd o i ddechrau cychwyn, er mai fi, a neb arall, yw ei berchennog heddiw. Oni thelais yn onest amdano ag arian sychion?

Cyn traethu'r un gair rhagor fodd bynnag rhaid datgan yn ddiamwys nad ceisio ymhonni'n ddosbarth canol ffroenuchel yw amcan hyn o druth chwaith. Nid ymlafnio i roi'r argraff fod gennym ni acw yr hyn a'r llall ac arall, bod lluniau Kyffin yn blastar ar y muriau ym mhob man, bod Chrysler Crossfire, Jeep Cherokee, neu ryw Volvo Estate wedi ei barcio ar ein dreif a bod bathodyn Clwb Carafanwyr Cymru wedi ei sodro'n blaen ar y ffenest ôl, ac ati

ac ati. Y gwir plaen amdani yw nad oes acw'r un dreif. Cerbyd modur bychan a digon diolwg sydd acw hefyd, mor fychan fel y gellid ei osod yn daclus ar silff ben tân unrhyw dŷ efo dreif. Ond rwy'n mynnu ymfalchïo yn y ddau lun. Fe ganiateir o leiaf gymaint â hynny o dipyn ymffrost i ddyn, debyg?

Yn ôl ei addefiad ei hun, un o gyfnodau mwyaf cyffrous a chofiadwy ei holl yrfa oedd y tri mis a dreuliodd Kyffin Williams ym Mhatagonia, profiad a wnaed yn bosibl pan ddyfarnwyd Cymrodoriaeth Churchill iddo, eithr codi iselder ysbryd o'r math gwaethaf arno a wnâi'r dirwedd noethlwm, ei chrastiroedd diderfyn, yr undonedd a'r anghyfanhedd-dra a'i wyntoedd tragwyddol, ar y cychwyn beth bynnag. Ar yr awyren o Buenos Aires i Drelew ni allai lai na dwyn i gof eiriau Darwin fod melltith diffrwythdra yn hofran dros bob man. Dim ond Cymry echreiddig a phenstiff, penderfynodd, fuasai'n ddigon ynfyd i ystyried gwladychu mewn lle o'r fath – ond buan y newidiodd ei feddwl, a bu'r ymweliad yn un cwbl ffurfiannol yn nhwf ei ddatblygiad.

Ef oedd yr arlunydd o Gymro cyntaf erioed i ymweld â'r Wladfa. Treuliodd fis yn Nyffryn Camwy a chiliodd y felan. Ymserchodd yn nhrigolion Trelew, y Gaiman a Dolavon, pobl oedd wedi heneiddio cyn pryd am fod yr haul a'r gwynt a'r llwch wedi gwneud cymaint o hafog arnynt gan beri i'w crwyn droi'n felynsych grimp. Daeth i deimlo'n od o gartrefol yno dan Groes y De ac ymhlith rhai yr oedd eu lletygarwch yn ddihareb, croeso oedd yn ei atgoffa o rinweddau nid annhebyg yn nhrigolion y rhannau mwyaf diarffordd o'r Fôn wledig yr oedd mor gyfarwydd â hwy. Dôi Llanfair-yng-nghornwy – yr ardal wyllt – mae'n ddiamau i'w feddwl.

Yna, troi ei wyneb tua'r gorllewin a chyrchu ar daith o dros bedwar can milltir ar draws y paith i gyfeiriad Trevelin, Esquel a Chwm Hyfryd wrth odreon yr Andes. Cofnodwyd ei argraffiadau mewn cyfanswm anhygoel o oddeutu seithgant o luniau a brasluniau o'r dirwedd, o'r bywyd gwyllt, o'r bobol, o'r cymeriadau, o bopeth – yn cynnwys Los Altares, Ogofâu Madryn, cyfnos yng Nghwm Hyfryd, olwynion dŵr yn Nolavon, y bryniau uwchlaw Esquel, Gorsedd y Cwmwl, Capeli Bryncrwn a Moriah, y gaucho a'i geffylau, y guanaco, y 'weddw fach', Norma Lopez, Brychan Evans, Elias Garmon Owen, Glyn Ceiriog Hughes a llawer, llawer mwy.

Fel petai hynny ddim digon, mynnodd cyn dychwelyd gartref ryfygu dros y meseta gwag i barthau mwy anghyfannedd a deheuol fyth. Cyrchodd heibio i Gomodoro Rivadavia, Puerto Deseado, St Julian, Santa Cruz, a Rio Gallegos, mannau y perthyn iddynt hynodrwydd, onid rhyw swyn rhyfedd, dim ond o grybwyll eu henwau, nes cyrraedd ohono i Tierra del Fuego a glanio yn Ushuaia, prif dref rhanbarth sydd ar waelod isa'r byd bron.

Yn Tierra del Fuego y mae'r Andes mawreddog yn dechrau ymddatod, yn troi'n gyfres o gribau danheddog i gychwyn, yna'n fân ynysoedd cyn i'w rhawd ddod i'w therfyn a diflannu yn llwyr a therfynol yn nyfroedd tymhestlog ac ofnadwy'r Horn, wrth i'r Iwerydd a'r Pasiffig ddod i wrthdrawiad enbyd â'i gilydd.

Y Sbaenwyr, o hwylio'r arfordir digroeso hwnnw a sylwi ar y coelcerthi ar rai o'r bryniau a'i bedyddiodd yn Tierra del Fuego. Doedden nhw ddim wedi sylweddoli mai'r Indiaid brodorol o lwythau Yaghan a'r Ono, oedd yn cynnau'r tanau. Â hwythau yn amlach na pheidio â dim ond mantell denau o groen guanaco bob un i gadw'n gynnes, roedd ar y brodorion angen rhywbeth ychwanegol i gadw'r meinwynt rhag treiddio hyd at fêr eu hesgyrn.

Roedd poblogaeth frodorol Tierra del Fuego tua chanol y bedwaredd ganrif ar bymtheg oddeutu deng mil. Erbyn 1910 roedd wedi gostwng i dri chant a hanner. Caed gwared â hwy yn eitha' rhwydd. Telid punt am bob Indiad marw, a lle methodd y gwn, daeth brech yr ieir a heintiau eraill y dyn gwyn i'r adwy.

Arhosodd dridiau yn Ushuaia. Digwyddai fod yn ganol haf yno er ei bod yn bwrw eira'n drwm! Llogi tacsi o'r maes awyr, dim ond i gael ar ddeall nad oedd lle mewn unrhyw lety wedi iddo gyrraedd. Erbyn hanner nos, ac yntau yn cerdded o fan i fan, roedd pethau'n edrych yn bur ddu, ond daeth rheolwr rhyw westy neu'i gilydd o hyd i ystafell iddo'n rhywle ar yr amod ei fod, fel hwyrddyfodiad, yn barod i'w rhannu â dau Archentwr sylweddol odiaeth bob un o gorffolaeth. A wnaeth y ddau rheini ddim oll namyn rhochian a thorri gwynt hyd doriad gwawr! I goroni'r cyfan, gosodasid ei wely yn union o dan sceilat agored ac fe warantai hynny fod ei gwrlid gwyn wedi ei orchuddio erbyn y bore ag un gwynnach; roedd dan drwch tew o eira!

Treuliodd y diwrnod cyntaf yn crwydro'n ddiamcan o gwmpas, er nad oedd y nesaf peth i ddim i'w ysbrydoli mewn mangre mor ddiawen, cynefin y morlo a'r pengwin ac ambell albatros. Gallai roi tro o gwmpas y *Museo del Fin del Mondo* (Amgueddfa Pen-draw'r Byd), i gymryd stoc o'i hamryfal greiriau, ond dewisodd beidio. Roedd y slwj budr yn dew dan draed ym mhobman, ambell hysgi yn prowla ar y strydoedd, gwylanod barus yn blagardio'i gilydd ar y toeau tra bod llong dorri drwy rew wrth angor yn yr harbwr. Union fel Alasga barnodd! Cofiai yr un pryd i'r Capten Fitzroy a Charles Darwin ymweld â'r un fan yn 1832, ac mai yno, gyda'i Feibl yn un llaw a baner Lloegr yn y llall, a chyda'r bwriad gwir deilwng o wareiddio'r brodorion fel ei unig nod, y daethai'r Parchedig Thomas Bridges yn 1869; ac yr oedd Jules Verne yntau wedi rhoi tro o gwmpas y lle o'i flaen.

Doedd pethau fawr gwell pan ddringodd y llethrau uwchlaw'r dref. Yn ôl pob tebyg ni fu i undim ei ysgogi yno chwaith ac, ar derfyn diwrnod o rwystredigaethau, dychwelodd yn oer a gwlyb i'r gwesty.

Digon tebyg oedd hi drannoeth pan ddringodd ychydig uwch, a chyda'i bac ar ei gefn a'i gêr dan ei gesail ei gwneud hi drwy'r coed lenga hyd at rewlif Martial. Oddi yno gallai weld Culfor Beagle yn llifo islaw. Yna, dôi'r ynysoedd i'r golwg, a thu hwnt a thu draw iddynt hwy roedd yr Horn, a rhywle yn y pellteroedd tywyll, Antarctica, ei dawelwch mawr, a diwedd byd. Ond yr un oedd y stori o hyd, ac yntau ar y terfyn yn gorfod cyfaddef na chynhyrchodd undim o werth yn ystod ei arhosiad yn Ushuaia.

Ond beth am y llun sy'n hongian erbyn hyn ar un o'r parwydydd acw?

Nid diwerth hwnnw hefyd does bosib! Yn arddull ddigamsyniol yr arlunydd o Gymro y'i lluniwyd yntau. Allai o ddim mo'i wadu. Mae'r llinellau yn rhai mor gyfarwydd. Casgliad o dai, neu'n gywirach gytiau pren digon bregus yr olwg sydd ar ei flaen, gyda phibellau stôf yn ymwthio'n flêr drwy doeau haearn gwrymiog, a ffens fwy anghelfydd fyth yn eu hamgylchynu. Yn gefndir iddynt mae'r bryniau a'r llethrau, hwythau yn eu tro yn ildio i gribau ysgythrog dan eira tragwyddol ucheldir Mynydd Olivia. Mae breuder bywyd dyn o'i gymharu â chadernid diysgog y mynyddoedd yn un o'r themâu mwyaf cyson yn ei weithiau, a'r un gwirionedd yn union a bwysleisir y tro hwn eto. Mae'n gofnod grymus o dirwedd fawreddog, nid yn un o fil hwyrach ond yn ddiddadl yn un o'r seithgant, enghraifft fechan ond nid dibwys o'r portffolio a luniodd Kyffin Williams ac a berthyn i 'gyfnod Patagonia'.

Mae'n eitha' gwir mai ei bellter, yn y pen-draw, sy'n arwisgo ambell le â hudoliaeth i lawer ohonom; a dyna pam, siŵr o fod, yr hawliodd Ushuaia, y dref ddeheuol honno ym mhen draw eitha'r byd le mor arbennig yn fy nychymyg innau. Eto i gyd, ac er pelled yw, mae'n rhyfedd cofio i arfordir Tierra del Fuego fod yn un digon cyfarwydd ar un cyfnod i rai o hogiau Amlwch a llanciau Nefyn, yn ogystal â rhai o hen forwyr y Port pan oeddynt ar y mordeithiau peryglus rheini o gylch yr Horn yn eu llongau hwyliau 'stalwm. Mae'n wir mai tynged gyffelyb i eiddo Twm a Dic o griw'r *Nesta* yng ngherdd O. J. Williams ddaeth i ran rhai –

> 'Y ffyliaid adre'n meddwl
> Y down ni'n ôl ryw dro,
> A ninnau wedi boddi
> Ers mis, Ho ho! Ho ho!
>
> A heb fynd eto i'n beddau
> Yn gwrando ar sŵn yr Horn
> A'r gwynt yn cosi'n hesgyrn,
> A rhewi'n traed yn gorn . . .'

Ond y syndod yw i gynifer ohonynt ddychwelyd yn ddianaf i adrodd yr hanes.

Rhyw hel meddyliau fel yna y byddaf i wrth imi, ar ambell noson o aeaf, mewn cadair esmwyth o flaen fy nhân, ac wrth imi godi 'ngolygon at y copaon eiraog yn y llun ar y pared gyferbyn â mi – eitem Rhif 62 a brynwyd rai blynyddoedd yn ôl bellach yn Oriel Tegfryn, ym Mhorthaethwy. A choelia i byth hefyd nad yw dyn yn gweld rhywbeth newydd ynddo bob tro yr edrychir arno ac y dechreuir synfyfyrio uwch ei ben; ac oni fûm i erioed yn Ne'r Iwerydd oer nac yn agos i Ushuaia yn fy oes, ac mai'r tebygrwydd yw nad af ar gyfyl y lle chwaith, byth bythoedd, y mae gen i eitha' syniad bellach, oes yn wir, sut le yn union ydi o . . .

• • • •

Eiddo Kyffin Williams yw'r llall hefyd, dim ond ei fod yn llun o rywle llawer nes gartref, yn wir yn un a drysoraf yn fwy bron. Dyfrlliw o Garreg-lefn, yr olygfa o'r lôn waelod fel yr eir i mewn i'r pentref. Mae Garn View, cartref Els, fy nghariad cyntaf, ar y chwith, ac ar ganol yr allt ar y dde y mae Tŷ Lawr, cartref fy Nhaid a'm

Nain, gyda Choed Siop a Chapel Bethlehem yn y cefndir. Dyma'r mannau y bu iddynt bob un chwarae rhan mor allweddol yn ystod fy mlynyddoedd ffurfiannol.

Nid ei brynu mewn arddangosfa wnes i yn achos hwnnw, fodd bynnag, nid rhodd yn ystyr gyffredin y gair mohono chwaith. Nid ei ennill mewn raffl a wnaed. Nid ei etifeddu'n gnu dafad farw yn ewyllys neb; yn sicr nid ei ladrata, na'i godi wedi iddo ddisgyn oddi ar gefn lori! Er hynny, chostiodd o yr un geiniog goch i mi.

Eithr cystal egluro. Ond rhag creu unrhyw fath o gamargraff, rhaid datgan yn ddiamwys na fu erioed cyn hynny unrhyw fath o gysylltiad rhwng yr arlunydd â mi. Doeddwn i ddim wedi torri'r un gair ag o yn fy mywyd. Roeddwn i'n gwbl ddieithr iddo. Nes iddo dderbyn fy llythyr cyntaf, wyddai ef ddim oll am fy modolaeth i, ac y mae'n fwy na thebyg ei fod wedi hen anghofio bellach am yr ohebiaeth fu rhyngom.

Mentro anfon gair ato wnes i i holi tybed a oedd o'n gyfarwydd â'r rhan honno o Ogledd Môn, ac a fyddai o tybed yn ystyried derbyn comisiwn bychan i wneud llun o'r hen bentref i mi? Yr un pryd fe awgrymais yn garedig y gwerthfawrogwn yn gyntaf amcangyfrif o'r gost!

Daeth ateb cwrtais gyda'r troad. Gwyddai, fe wyddai'n eitha' am y fro, ac yr oedd yn barod i gydsynio â'm cais, dim ond ei fod yn lled brysur ar y pryd. Tybed fyddwn i cystal â'i atgoffa o'i addewid yn nes at ddiwedd y flwyddyn? Erbyn hynny hwyrach y byddai pethau wedi ysgafnhau rhyw gymaint ac y câi gyfle wedyn i lunio rhywbeth – ond heb roi unrhyw syniad o'r gost chwaith!

Fe arhosais yn amyneddgar hyd ddiwedd mis Hydref cyn rhyfygu i anfon eilwaith ato. Daeth ateb arall, eto gyda'r troad –

'Alas, I have failed to get over to Carreg-lefn but your letter has reminded me of my failure to do so. Nevertheless, I do hope to go over there soon and do a drawing for you. It is high time I visited that part of the island.'

Roedd y cyfan o'm dwylo i wedyn. Allwn i wneud fawr rhagor. Byddai raid aros yn amyneddgar, a hyd yn oed petai'r mater yn llithro o'i gof amheuwn a allwn fagu mwy o blwc, yn wir o ddigywilydd-dra, i'w atgoffa ymhellach.

Er hynny ni fu raid aros yn hir. Bythefnos cyn y Dolig fe ddaeth nodyn arall i law. Tybed a fyddwn i'n hoffi galw yno rywbryd am fod y *'little drawing'*, fel y galwai ef y peth, yn barod. Roeddwn innau wedi gwirioni.

Ond beth am y damej? Fe wrthododd yn glir â derbyn yr un ddimai goch am ei lafur 'Twt! Twt! Rhyw fraslun digon brysiog oedd o . . .' A phrun bynnag, digon o dâl, haerai, oedd fod cynifer o *'frightfully nice people'* yn gwerthfawrogi ei gynnyrch!

Fe benderfynais innau rannu'r gyfrinach hon heddiw am fod yn yr hanesyn dystiolaeth bendant, nid yn gymaint y tro hwn o athrylith yr arlunydd mwyaf a feddwn fel cenedl, ond o'i haelioni yr un pryd – haelioni a ddangoswyd, ac nid am y tro cyntaf chwaith erbyn deall, at ddieithryn llwyr.

Dau lun a fawr drysorir. Y pell i ffwrdd sy'n denu dyn yn y naill, yr agos, y cartrefol a'r tra chyfarwydd yn y llall, gyda'r llythyrau a dderbyniwyd gan yr arlunydd ei hun ynghylch yr ail yn dystiolaeth i'w darddiad – *'such excellent provenance'* chwedl dynion crand y trêd yn Lloegr.

Rhyw ddiwrnod fe fyddant o gryn werth i rywun, er yr amheuir yn fawr a fyddant chwarter y gwerth ag ydynt ar hyn o bryd yng ngolwg eu perchennog presennol.

SGYRSIWN I FIENNA

Ar sgawt yn y Tirol yr oeddem ni, yn treulio wythnos mewn pentref bach taclus yn uchel yng nghesail y mynyddoedd rywle, a doeddem ni ond wedi braidd gyrraedd, heb sôn am ddadbacio, llai fyth ddadluddedu, nad oedd ein tywysydd, yr archdrefnwr ag ydoedd, yn pwyso arnom i ymuno ag ef ar ambell sgyrsiwn yn ystod y dyddiau canlynol.

'A dyna Fienna, wedyn,' taerodd, 'does undyn yn dod i Awstria, debyg iawn, heb iddo fanteisio ar y cyfle i weld ein prifddinas. Dowch efo fi dydd Gwener. Taith eitha hir hwyrach, ond mi ro i 'ngair na wnewch chi ddim difaru . . . O! ia, gyda llaw, 610 schilling fyddai'r gost, bargen rhwng dau frawd oblegid tasa chi . . .'

Yn wir yr honiad oedd na fyddai neb yn ei resymol bwyll yn meddwl ddwywaith ynghylch y peth heb sôn am wrthod cynnig mor od o hael. A'i ddilyn fel defaid a wnaethom. Doedd y brawd ddim wedi ein camarwain chwaith canys fe fu'n daith hir, drybeilig, dragwyddol hir, er ein bod yn teimlo'n ddigon ffres yn y bore bach wrth gychwyn, gyda'r niwl cynnar yn prysur godi.

Wedi'ch amgylchynu gan gribau mawreddog a chyda'r gwartheg yn pori'r llethrau i gyfeiliant undonog eu clychau, bron na ddisgwyliech, o droi unrhyw gornel yn y Tirol, weld Julie Andrews yn dod i'ch cyfarfod mewn sgert ddrindl ynghyd â saith o blant anystywallt yn canu '*Doh reh . . . me*' i'w chanlyn a'r Capten, efallai, yn dilyn yn gilwgus o hirbell; ond â ninnau ar gyrion Salzburg fodd bynnag ac yn digwydd mynd heibio'r eglwys lle ffilmiwyd golygfa'r briodas rhwng y ddau, fe brofasom ddadrithiad hynod chwerw. 'Na'ch daller gan ramant,' fe'n rhybuddiwyd, 'does gennym ni yn Awstria ddim oll i'w ddweud wrth y chwedl . . . y gwir yw mai hen grimpan ddigon diolwg, oriog hefyd a gwyllt ei thymer oedd y Maria Von Trapp wreiddiol.' A dyna goron arall wedi cwympo i'r llwch. Gwywodd yr Edelweiss yn y fan a'r lle!

Cefnu toc ar y mynydd-dir gyda'r ffordd ar ôl gadael Linz yn arwain ar brydiau gyda glannau Afon Donaw, er mai un lwyd, nid un las oedd hi y bore hwnnw. Cip sydyn yn unig a gaed ar fynachlog Melk yn clwydo'n fawreddog ar glogwyn ddau can troedfedd uwchlaw'r afon.

Honno, y campwaith baroc a berthyn i Urdd Sant Benedict, yw'r odidocaf, ond odid, o holl fynachlogydd Awstria. Mae popeth a berthyn iddi'n orwych, bron na ddywedir yn rhodresgar, organ ei heglwys fel enghraifft ag iddi dair mil o bibau, pedwar ugain mil o gyfrolau cain yn ei llyfrgell wedyn, er mai ei selerydd gwin yw'r syndod pennaf. Â byddin Napoleon yn ei gwneud hi am Fienna yn 1805, meddiannwyd y fynachlog i letya bataliwn gyfan o wŷr traed. Buont bedwar diwrnod yno'n gorffwyso gan hawlio, i ddiwallu eu syched, drigain mil o boteli bob nos. Eto i gyd, roedd mwy na hanner y stoc yn weddill wedi iddynt adael. Pam fod angen y fath gyflenwad ar gymuned dduwiol a defosiynol fel eiddo'r mynaich i ddechrau cychwyn oedd gwestiwn!

Mae pumed ran holl boblogaeth Awstria yn byw yn ei phrifddinas, gyda'i thramiau diddiwedd yn gyfrwng trafnidiaeth gyhoeddus hwylus wrth iddynt bydru mynd ddydd, a rhannau helaeth o nos, i bob cwr ohoni er mai eglwys gadeiriol Sant Steffan, reit yn y canol, yw'r man cychwyn i'r ymwelydd. Dyna'r gysegrfan, a ddifrodwyd yn ddifrifol gan fomiau'r gelyn ar ddiwedd yr Ail Ryfel Byd er dirfawr warth ar fywyd gwâr, ond a gododd fel ffenics o'i llwch ac a adferwyd i'w gwir ogoniant fel adeilad gothig mwyaf nodedig y deyrnas. Balm i unrhyw enaid aflonydd yw medru troi i mewn iddi o ganol dwndwr dinas brysur. Does unlle hyfrytach, na thawelach, petai amser yn caniatáu, ond yn sicr doedd amser ddim yn caniatáu y diwrnod hwnnw.

Teulu Hapsbwrg, fel y mae'n eitha hysbys, fu'n bennaf gyfrifol am y bri a ddaeth yn eiddo i Fienna. Y cyntaf ohonynt, Rwdolff yn 1273, a sefydlodd bencadlys yno a bu ei ddisgynyddion yn llywodraethu rhannau helaeth o Ewrop am y chwe chanrif nesaf, hyd at derfyn y Rhyfel Mawr yn 1918. Yn wir, y mae olion graen a godidowgrwydd ei gorffennol imperialaidd goludog a hunanfodlon yn dal arni o hyd, er mai prifddinas 'imperialaidd' heb ymerodraeth yw hi bellach.

Gwir yr haerodd Jan Morris yn ei chyfrol *From the Four Corners*, na all yr un gweriniaethwr o Gymro byth deimlo'n gartrefol mewn lle o'r fath canys yr hyn a wnaeth llinach yr Hapsbwrg oedd creu dinas a ymfalchïai ym mhob ymwybyddiaeth o wahaniaethau dosbarth; ac i raddau pur helaeth, lle snobyddlyd ydi o o hyd gydag ysbryd Ffrans Joseff, yr olaf ohonynt, yn ôl pob tystiolaeth, yn fyw ac yn ddigon iach ym mywydau a chalonnau rhai o'r hen drigolion sy'n mynnu, o ran agwedd meddwl a ffordd o fyw, glynu wrth yr hen safonau a'r hen ddyheadau, ynghyd yn wir â rhai o'r hen ofergoelion ffôl.

Byddai angen dyddiau, onid wythnosau lawer, i leibio i'ch cyfansoddiad bopeth y gallai Palas Hoffbwrg, ei labyrinth coridorau a'i amgueddfeydd, ei gapeli a'i neuaddau a'i ystafelloedd brenhinol eang eu cynnig, fel nad oedd unrhyw ddiben ymdrechu'n rhy galed! O gofio wedyn i linach hir o'r un teulu ychwanegu'n helaeth a chyson yn eu tro at eu cartref, dros gyfnod o chwe chanrif, a hynny mewn amrywiaeth o ddulliau pensaernïol, câi dyn ei lethu'n benwan dim ond o feddwl am ymgodymu ag anferthedd y dasg.

Câi'r ddawn i ryfeddu ei dihysbyddu mewn dim gan mor gyffredin y trysorau yno mewn aur ac mewn arian, mewn meini gwerthfawr a phorslen Sèvres drudfawr, heb sôn am y darnau difesur eu gwerth o grochenwaith Siapan ac o Tsieina a mannau pellennig ac ecsotig o bob cwr o'r byd. Roedd Bwrdd Milan, crefftwaith arian gyda'r mwyaf cywrain, yn ddeg llath ar hugain anhygoel o hyd, tra bod coron Oto Fawr, y mae rhannau ohoni yn perthyn i'r ddegfed ganrif, hithau yn haeddu sylw. Yr un pryd enynnai cleddyf Siarlymaen gryn edmygedd, heb anghofio chwaith rai creiriau crefyddol digon od yn cynnwys, os gwir y sôn, beth o'r pridd a fwydwyd yng ngwaed Sant Steffan; a'r crair hynotaf oll a orffwysai mewn ostensori tryloyw, sef dant Ioan Fedyddiwr. Yr hyn a barai ddryswch i mi oedd sut yn y byd y bu i'r hen frawd hwnnw golli un o'i ddannedd yn y lle cyntaf. Ai Salome, yr hen gnawes, oedd i'w beio, ynteu ai am iddo hwyrach storgajio gormod o'r hen fêl gwyllt hwnnw? Mae'n hysbys ddigon bod siwgr yn gallu bod mor andwyol i ddannedd.

Dim gronyn llai godidog oedd tŷ haf y teulu, y *'bwthyn'* cysurus hwnnw o'r eiddynt a oedd yn y wlad pan godwyd ef yn wreiddiol ond bod cyrion gorllewinol y ddinas wedi ymestyn hyd ato erbyn heddiw. Y mae'r Schönbrunn i Fienna yr hyn yw Versailles i Baris ond prin fod tri chwarter awr yn ddigon i wneud cyfiawnder â mangre mor hudolus, y parc llydan a'i filmyrdd gerddi amryliw.

Does undim heddiw sy'n cynrychioli'r hen Fienna yn well, nac yn fwy nodweddiadol o'r hen uchelwriaeth sy'n mynnu goroesi, na'i hysgol farchogaeth hyglod a'i cheffylau gwynion, y *Lippizaner* enwog. Gall y cyhoedd fynd i'w gweld yn ymarfer rhwng deg a hanner dydd bob diwrnod. Bydd swyddogion cydwybodol ac effro yn ffit-ffatian ar eu holau yn y cylch, yn eiddgar barod â'u sieflau, i ruthro i'r adwy pryd bynnag y bo'r galw i ddal y carthion pendefigaidd cyn iddynt bron yn llythrennol gyffwrdd y llawr! Ynddynt hwy, y creaduriaid aristocratig rheini, y perthyn iddynt bedigri mor anrhydeddus, y mae'r teulu Hapsbwrg fel pe baent yn llefaru eto.

Eithr o droi i mewn i Eglwys y Capusiniaid, eto yng nghanol y ddinas, fe geir yr argraff mai'r gwrthwyneb sy'n wir, canys mudion oll ydynt yno. I'r necroffyliac gall fod yn fan hynod ddiddorol oblegid yn yr hanner gwyll yng nghrypt y *Kapuzinerkirche* y mae cymaint â chant a deugain o sarcoffagi plwm yn rhes ar ôl rhes, gydag aelod o deulu Hapsbwrg yn gorffwyso ym mhob un. Nid yw'n syndod hwyrach mai eiddo Maria Teresa yw'r fwyaf trawiadol. Onid hi, wedi'r cwbl, oedd mam yr Awstria fodern yn ogystal â mam i un ar bymtheg o'i hepil hi ei hun yr un pryd? Rhwng popeth, yn ei dydd, bu'n brysur odiaeth!

Yno y maen nhw, yn ymerodron ac ymerodresau, yn frenhinoedd ac yn freninesau Jeriwsalem, Dalmatia, Bohemia, Croatia, Galicia, Transylfania; yn archddugiaid ac archddugesau Twsgani a'r Tirol a Duw a ŵyr ble, heb sôn am yr haflug o'r mân dywysogion a thywysogesau o bob math. Mae sawl Ffransis yno. Mae Joseff yr Ail yno. Mae'r Archddug Fferdinand a saethwyd yn Saraiefo yno, yr hen ŵr Ffrans Joseff yntau, ynghyd â Rudolf, ei fab a fu farw o dan amgylchiadau mor drasig ac amheus yn y caban hela hwnnw ym Mayerling. Er nad oes yno le i'w gariad chwaith. Un o blith y werin, wedi'r cwbl, oedd Marie Vetsera ac ni ellid hyd yn oed ddirnad y posibilrwydd o roi i un mor iselwael y fath fraint.

Yn sicr y mae yno y gymysgedd rhyfeddaf ac fel y sylwodd ein tywysydd mewn Saesneg clapiog wrth gyfeirio at un ohonynt y bu iddo, mewn oes fer, genhedlu cymaint â deugain o blant anghyfreithlon –

'There are some good ones here and some bad ones and some . . . what do you say . . .? Well! Nutters perhaps . . .' Ond nid lle i oedi yn hir ynddo yw crypt trymaidd y *Kapuzinerkirche* lle mae niferoedd o'r rhai a fu gynt yn rheoli y rhannau helaethaf o Ewrop, bellach yn berchen dim namyn eu hyd a'u lled.

Peth arall, afraid nodi bron, a roes fri ar Fienna fu ei safle ym myd cerdd. Mae llwyfan eang ei Thŷ Opera, sy'n hanner canllath mewn dyfnder, a'i awditoriwm ar gyfer cynulleidfa o ddwy fil, yn symbol o'r nwyfiant a'r bywiogrwydd a berthyn i'r ddinas, gyda'r cyfan yn cadarnhau y sylw a wnaed gan Montesquieu un tro, y gall dyn hwyrach farw yn Fienna ond na all fyth deimlo'n hen ynddi.

Gwelir dynion ifanc mewn perwigau a gwasgodau brocêd a chlosau gwynion a chotiau cochion cynffon deryn yn dragwyddol dowtio tocynnau ar gornel strydoedd ar gyfer ryw opera neu gyngerdd neu'i gilydd. A pha ryfedd, o gofio cysylltiadau Schubert a Mozart, Beethoven a Brahms, Haydn a Strauss, Bruckner a

Mahler, Gluck a Franz Liszt – mae'r rhestr yn ddiderfyn – â'r lle. Yn wir mae'r cysegrfannau sy'n gysylltiedig â nifer ohonynt yn frith ymhobman. Gellir cyrchu at fedd Beethoven fel enghraifft ac, er mai i feddrod tlotyn y bwriwyd gweddillion Mozart druan, fe'i coffeir yntau yr un mor deilwng. 'Dyna i chi fôi,' chwedl yr hen wag hwnnw, a osodai Vincent Van Gogh yntau yn yr un dosbarth, 'a ddaeth yn ei flaen yn arw wedi iddo fo farw!'

Yn ychwanegol at hynny y mae'r placiau dirifedi ar furiau a thalcenni tai yn eiddgar gofnodi pob mathau o gysylltiadau eraill, mai yn y fan a'r fan y ganed Schubert, neu y maged Schubert, y bu Schubert yn lletya, y bu Schubert yn gweithio ar ryw brosiect neu'i gilydd, y bu Schubert yn caru, y bu Schubert yn gwledda, y bu Schubert farw . . . er mai'r gwir plaen amdani, cyn belled ag yr oedd a wnelo Schubert, yr hen druan, â'r peth, yw bod amlder y placiau i'w briodoli i'r ffaith nad oedd yr hen bero yn ormod o giamstar am dalu ei rent! O'r herwydd roedd o ar grwydr yn barhaus, wastad yn newid tŷ!

Amser a ballodd i'r ymwelydd yr oedd ei amser mor brin i roi tro o amgylch Neuadd y Ddinas, y Llyfrgell Genedlaethol neu'r Brifysgol sy'n un o'r canolfannau dysg blaenaf, na chwaith i ddihysbyddu y milmyrdd amgueddfeydd yno. Dyna gartref Freud yn y *Berggasse* wedyn. Treuliodd ef y rhan helaethaf o'i oes yn ceisio dod i benderfyniadau wrth iddo astudio seice y Fieniaid a threiddio i ddyfnderoedd eu hisymwybod. Beth well i'w anfon i rywun gartref na cherdyn post yn cynnwys llun o'r cowtsh gwreiddiol! Dim hamdden chwaith i frathu pen drwy ddrysau'r mân amgueddfeydd eraill, megis yr amgueddfa glociau, yr amgueddfa ddoliau, yr amgueddfa offer diffodd tân, a'r odiaf ohonynt oll, yr amgueddfa dybaco! Prun bynnag, y tebyg yw y byddai y Siapaneaid wedi hen oresgyn y cyfryw leoedd o'ch blaen wrth iddynt sathru ei gilydd yn eu hymryson i'w trwytho eu hunain yn y diwylliant amgueddfaol hwnnw. Mae gwanc aelodau'r genedl honno am sefydliadau o'r fath yn anniwall.

Llai tebygol fyth yw y byddai ganddo'r awydd na'r ynni, nac yn sicr y modd, i grwydro'r siopau. Os oes gan Lundain ei Bond Street a Pharis ei Champs Élysée mae gan Fienna ei *Mariahilferstrasse*. Er hynny fe'n siomwyd yn ddirfawr gan un peth, hyd yn oed ym mhrifddinas Awstria. Fe faddeuir hwyrach fy nhipyn ymffrost yn y mater, ond rwyf yn ystyried fy mod bellach yn gryn awdurdod ar siopau Marks and Spencer! Oni fûm mewn ysgol galed? Bwriais brentisiaeth hir. Mater o raid oedd o hwyrach, ond gyda threigliad y blynyddoedd gwnes astudiaeth drylwyr o'r testun. Yn fy nydd fe'm llusgwyd, yn ddigon anfoddog rwy'n fodlon iawn cyfaddef – drwy gynteddoedd aneirif lu ohonynt. A dyma'm dyfarniad. Cangen Fienna oedd y leiaf, y fwyaf tila, y fwyaf cul a chyfyng, y fwyaf di-nod yn holl wledydd cred a gwledydd anghred! Er bod ei safle, nid nepell o Eglwys Gadeiriol Sant Steffan, yn un hynod freiniol, doedd dim lle i ddyn newid ei feddwl ynddi bron. Gallai Paris House neu Siop Gordon yn y Port neu'r Afr Aur yn Amlwch, pan oeddynt, hyd yn oed Mc.Killop yn Llannerch-y-medd, godi mawr gywilydd arni a'i bwrw'n llwyr i'r cysgodion. Roedd y peth yn gwbl annheilwng o un o ddinasoedd gwâr Ewrop. Dydi'm gwraig, sydd yn fwy o awdurdod fyth yn y maes, ddim wedi dadebru oddi wrth effeithiau'r sioc. Ffôr shêm Fienna!

Nid bod unrhyw reidrwydd ar ddyn i grwydro siopau chwaith. Gellir blasu'r awyrgylch yn rhad ac am ddim o gerdded dow-dow o gwmpas y strydoedd, ac os oes raid wrth gyflawnder o dda'r byd hwn a phoced ddofn i allu cyfranogi o'r cyfoeth profiadau gastronomig y gall y tai bwyta crand eu cynnig, mae'r Tai Coffi a'r sefydliadau rhatach yn gallu rhoi atgyfnerthiad rhyfeddol. Y drwg yw fod pobl Fienna yn mynnu fod eu coffi nhw bob gafael yn dduach na du, du fel pechod chwedl nhwtha, yn gariadus o felys ac yn uffernol o boeth. Yn bersonol allwn i ddim stumogi'r hen beth!

O gael syrffed ar amgueddfeydd a phalasau a thai opera ac eglwysi ac orielau a mwy, does dim i rwystro rhywun wedyn rhag neidio i dram – fe gostiai tacsi ffortiwn – a'i hanelu hi am y *Prater* i fwynhau holl hwyl a miri'r ffair. Mae'r atyniadau yno'n lleng.

O fod yn berchen ar ben go dda gellir rhoi cynnig ar yr Olwyn Fawr, sydd i'w gweld o bob man ac sy'n troi mor araf a sidêt. Rhaid cofio er hynny i Harry Lime fod arni o'ch blaen a sylweddoli yr un pryd y gall agwedd fwy sinistr a thywyll fod yn rhan o gymeriad Fienna hyd yn oed. Ar un cyfnod beth bynnag, fel y dangosodd ffilm Carol Reed, bu'n fagwrfa ac yn nythle i fyd adwythig ysbïo ac ysbïwyr.

Wedi diwrnod hir a lluddedig yn ceisio treulio dim ond canran fechan, fach o'r hyn y gall y ddinas ei chynnig, beth well, a hithau'n hwyrhau, na'i gwneud hi am y *Grinzing*, y pentre ar y cyrion gogleddol?

Yno, yng ngerddi deiliog y tafarndai anghyfrif, ar nosau balmaidd o haf mae'r *heurigen*, y gwin newydd, yn llifo'n afonydd.

Fe'ch sodrir ar fainc bren wrth ford hir. Gellir cael pryd bwyd os dymunir, er y caniateir i chi ddod â'ch ymborth chi eich hun i'ch canlyn pe dewisech – nid yw wahaniaeth prun, canys does neb yn poeni ynghylch manion mor ddibwys. Y gwin sy'n bwysig. Fe'i hyfir o wydrau bras, er nad yw'n ddoeth samplo gormod o'i amrywiaeth cynnyrch chwaith. Gallai ei effaith aros yn llawer hwy na'i groeso! Does undim, er hynny, i'ch rhwystro rhag ymuno yn y miri a'r dawnsio, y canu a'r curo dwylo a'r stampio traed, fel bod sŵn y gorfoledd i gyfeiliant y consertina, y ffliwt a'r gitâr yn atseinio'n fyddarol dros y lle.

Mae'n wir mai yn ddigon ansicr y bydd y mwyafrif wedi'r loddest. A hithau'n hwyr y nos a'r barilau'n weigion, prin y gall rhai sefyll ar eu traed. Am bob dau a ddaw i'w cyfarfod ar eu ffordd gartref, dichon y byddant hwy yn gweld pedwar! Bydd y miwsig lond eu clustiau o hyd, y dyfodol i'w weld yn olau glir, pawb yn ysgwyd llaw ar delerau da ac yn proffesu bod yn frodyr i'w gilydd am byth! A rhag ymhonni'n hunangyfiawn, cystal cyfaddef mai dim ond un peth a'n cadwodd ninnau rhag suddo i'r union gyflwr llesmeiriol hwnnw, sef yr orfodaeth oedd arnom i gychwyn yn ôl yn llawer rhy gynnar.

O'r *Grinzing* mae'r ffordd yn arwain i gopa *Kahlenberg*, ucheldir o ryw dri chant ar ddeg o droedfeddi, a llecyn y mae'r olygfa oddi yno yn un dra ysblennydd. Boed ddydd neu nos ni all lai na'ch cyfareddu pan fydd holl banorama'r ddinas, ei thyrau a'i phinaclau a'i chromenni, yn ymagor o'ch blaen i bob cyfeiriad. Yr olygfa honno, y cip olaf a gaed ar y ddinas, oedd yn mynnu aros yn y cof wrth i ni ymlacio yn ein seddau ac, i gyfeiliant melodïau Johann Strauss, yrru drwy'r coedydd – y *Vienna Woods* – a'r ardaloedd bryniog, cyn ymuno drachefn â'r draffordd ar y daith hir yn ôl i'r Tirol.

• • • •

Do, bu'n farathon o hen helcud, digon agos i chwe chan milltir i gyd, rhwng y mynd a'r dod, ac fe dynnai at ddau o'r gloch y bore arnom yn dychwelyd i'r gwesty ar ôl bod ar drot am yn agos i ugain awr.

'Byth, byth eto. Byth, tra bydd ynom chwyth . . .'
Dyna, eithr mewn geiriau tipyn llai dethol, ddyfarniad cwbl ddiflewyn ar dafod dau gyd-deithiwr o ardal Walton ar y bererindod. Cwpwl ar wyliau mewn parthau tramor am y tro cyntaf erioed oeddynt hwy ac fe ddioddefent alergedd llwyr i bopeth y gallai dinas o'i bath ei gynnig iddynt. Yn wir roeddynt dan yr argraff wrth gychwyn mai cyrchu i Fenis a wnaent hwy ac fe gawsant fraw enbyd rôl cyrraedd Fienna o sylweddoli fod rhagor rhwng seren a seren mewn gogoniant ac mai rhyw hen le na chlywsant erioed sôn

amdano o'r blaen fu pen eu taith wedi'r cwbl. Yn ofer y chwiliasant am gamlesi ac am ambell gondola!

Nhw hefyd, o'u gadael am ddim ond hanner awr fer ar eu liwt eu hunain ganol y pnawn, oedd yr union rai na chawsant drafferth yn y byd i fynd ar ddisberod ac yn llwyr ar goll. Can punt a hanner gostiodd y styrbans honno iddynt er eu galluogi i ymuno'n fwg ac yn dân â'r gweddill ohonom yn y *Grinzing* ar ddiwedd y dydd. Tueddu i feio pawb a phopeth ond nhw eu hunain a wnâi'r hen dlodion, yn arbennig y gyrrwr diegwyddor hwnnw a'u gwelsai'n dod o bell ac a gododd grocbris arnynt mewn prisiau tacsi.

Er nad felly yr edrychai mwyafrif y pererinion blinderog yn ein plith ar bethau chwaith. Nid y byddem yn gwadu nad oedd dulliau haws a llawer llai lluddedig o fynd o'i chwmpas hi, eithr hir y cofir am y profiad, y sgyrsiwn honno gyda glannau Donaw i'r ddinas, a fu yn ei dydd, yn un o'r mannau lle bu calon Ewrop yn curo gryfaf.

Deuddydd oedd gennym ar ôl i adfywio, a'r noson olaf caed un o'r stormydd enbyd rheini sy'n mynnu corddi yn y mynyddoedd ar ambell hwyr o haf. Doeddem ni ddim ond yn ei haros hi. Buasai'n fwll a di-haul drwy'r dydd ac, oddeutu hanner awr wedi wyth dechreuodd rwgnach yn fwy hyglyw. O fewn dim wedyn pistylliai'n un cenlli, y mellt yn tasgu drwy'r awyr, yn las a fforchog, dadwrdd y taranau yn ddychryn ac yn ysgwyd uchelderau'r *Wildenkaiser* i'w seiliau, tra bod ninnau, o glydwch balcon ein hystafell, yn mwynhau'r cyfan. Ond roedd rhywrai llai ffodus yn ei chanol hi. Toc, fe ddechreodd clychau'r eglwys seinio a buont wrthi'n undonog, daer a blinderus am oriau; 'Y Fam', rhag digwydd niwed i'r un ohonynt, yn rhybuddio unrhyw rai o blith ei phlant a ddaliwyd ar y mynydd, i ddychwelyd ar frys i'w chôl yn niogelwch y dyffryn.

Erbyn y bore sut bynnag roedd y cyfan wedi cilio, yr awyr yn las a'r haul yn tywynnu drachefn, dim ond ein bod, rai ohonom erbyn hynny, yn dechrau anesmwytho ac yn synhwyro fod rhyw 'Fam' yn rhywle arall yn galw arnom ninnau. Ein galw'n ôl gartre'!

DATHLU'N BRIODOL

Roedd hi'n digwydd bod yn achlysur pen blwydd priodas acw'n ddiweddar, y math o garreg filltir y mae rheidrwydd ar i bob gŵr call, cyfrifol, ei nodi os yw am fyw mewn heddwch a rhag tynnu ohono dros ei ben danchwaoedd o gyhuddiadau ei fod yn greadur difeddwl, di-feind, diramant, di-hid, dibopeth. Eithr fe lwyddais i osgoi cynddareddau o'u bath y tro hwn am i mi, os gyda pheth cyfrwystra, achub y blaen ar fy nghymar hoff drwy roi cynnig hael iddi ddeuddydd neu dri ynghynt .

'Sgin ti awydd mynd allan i rwla am brydyn o fwyd dydd Llun? A ph'run f'asa ora gen ti, ai canol dydd ai min nos?'

Basa hi. Bochau bodlon brwdfrydig iawn yn syth er na allai hi'n sinigaidd reit ddim ymatal rhag mynegi elfen o syndod chwaith.

'Beth ddaeth drostat ti leni, dywad? Does bosib fod peryg i ti dyfu'n greadur rhamantus yn dy hen ddyddiau fel hyn?' ynghyd â llu o ensyniadau coeglyd cyffelyb!

'Lle basa ti'n lecio mynd 'ta?'
'Dim ots gen i, rwla.'
'Na, dywad.'
'Dewisa di, yldi. Dy syniad di oedd o.'
'Beth . . . beth am rwla . . . hynny ydi dros y Bont yn Sir Fôn?'
'Syrpreis, syrpreis!'
'Ond cofia, os ydi'n well gen ti . . .'
'Tynnu dy goes di, siŵr! Sgin ti rwla mewn golwg yn dy hoff Sir Fôn ta?'

'Wel . . . hwyrach bod.'
'Ama braidd!'
'Lle na fûm i rioed yn fy mywyd ynddo o'r blaen.'
'Ple'n union felly . . . paid â dal der . . .'
'Beth feddyliet ti o Westy Trescawen?'

Ac ar Drescawen y syrthiodd y coelbren. (Treysgawen mae'n wir yw'r ffurf gywir ar yr enw ond fod Trescawen yn llifo'n llawer rhwyddach dros dafodau pobl Môn beth bynnag.) Byddai cyrchu yno'n lladd dau aderyn, nid yn unig yn boddhau awydd fy ngwraig – a'm un innau hefyd fynnwn i ddim gwadu – am ddathliad tawel a syber, ond yr un pryd yn ryw fath ar bererindod i fangre y bu iddo yn ei ddydd, ac am gyfnod byr, gysylltiadau â gŵr go arbennig, un y bu ei greadigaethau llenyddol yn gryn ddylanwad arna' i'n bersonol.

Nid bod y gŵr hwnnw wedi ei eni'n freiniol cofier, yn aelod o'r teulu bonheddig a fagwyd ym Mhlas Trescawen ger Capel Coch

yng nghanolbarth yr Ynys. Ufudd was yn hytrach fu ef yno wedi iddo ddychwelyd o heldrin y Rhyfel Mawr. Fe'i cyflogwyd fel trydydd garddwr ar y stad, ond un er hynny yr ystyriai Saunders Lewis, neb llai, rai blynyddoedd yn ddiweddarach ei fod yn 'llenor o bwys', sef Ifan Gruffydd, Llangristiolus.

O gopor Mynydd Parys y deilliodd cyfoeth y teulu i gychwyn ac fe wyddai rhai o'u bath bob amser ple yn union i godi eu tai. Nid oedd Trescawen yn eithriad. Fe'i codwyd ar lecyn hyfryd ymhlith erwau breision a dolydd gleision canolbarth Môn a chyda rhodfa ddeiliog yn arwain tuag ato, dreif y clywid nodau lleddf y tylluanod yn y brigau uwchlaw iddi unwaith y byddai wedi tywyllu bob nos.

Mae'r bennod ar Drescawen a adroddwyd gyda'r fath arddeliad gan Ifan Gruffydd yn ddogfen gymdeithasol ddiddorol a gwerthfawr. Disgrifiwyd yn fyw ganddo'r drefn galed, ffiwdalaidd bron, yr oedd ei gymdeithas wledig, dlawd, ddieiddo ef yn gyfarwydd â hi, pan oedd y meistr yn llywodraethu mewn byd ac eglwys a hwythau'r gweision yn llwyr gredu mai felly y dylai pethau fod yn yr arfaeth fawr ei hun. Gwybod eu lle oedd yn bwysig. Roedd hi'n fraint fawr cael gweini ffarmwrs, mwy o fraint fyth, ar waetha'r cyflogau isel, oedd cael gweini byddigions, cael bod yn 'was yr arglwydd' chwedl un arall o'r gwasanaethyddion yno, sef John Williams y saer.

Y Capten a Mrs Pritchard Rayner oedd y perchnogion – Gerald a Mary fel y'u gelwid (yn eu cefnau!) gan y gweision, ac fe gaed cip diddorol anghyffredin gan Ifan Gruffydd ar ffordd o fyw islaw'r staer yno yn ystod dau ddegau'r ganrif ddiwethaf.

A dyna ninnau yn cyrraedd yn brydlon am hanner dydd. Camu dros y trothwy i'r cyntedd eang yr oedd ei led a'i wychter, ei uchder a'i ddyfnder yn tueddu ar yr olwg gyntaf i fynd ag anadl dyn a chyda'r carpedi drudfawr, y papur wal ecsotig, y darnau dodrefn dethol, y lluniau ar y muriau, y cyfan yn peri i rywun deimlo beth yn anghyfforddus yno a'i holi ei hun – 'be yn enw rheswm ydw i'n 'i 'neud mewn lle fel hyn?'

Cawl berw dŵr oedd y cwrs cyntaf o'r arlwy wrth i'r eneth ifanc o wasanaethyddes osod y powlenni'n ofalus a defosiynol o'n blaenau yn yr ysafell fwyta. Ond am 'rhen Owen Jones, y bwtler dros dro, y gelwid arno ambell waith i wasanaethu byrddau yn Nhrescawen y cofiem ni ac am y cam gwag go enbyd a roddasai ef unwaith yn ystod cinio hwyr yn y Plas. Gan fod cryn hanner dwsin o gyrsiau i'r ciniawau cofiadwy rheini, byddai galw arno yntau, ar waetha'i oed a'i fusgrellni, i oresgyn ei grucymala a'i gloffni ac i gerdded yn ôl a blaen rhwng y gegin a'r deinin rŵm am oddeutu awr a hanner cyn y byddid yn gorffen y marathon pryd. Byddai'n mynd ac yn dod ar ffulltith gan ollwng ambell reg wrth ddrws y pantri, un llaw ar ei glun gloff ac yn cario'r hambwrdd yn y llall. Un noson fodd bynnag, fe gyfeiliornodd yr hen batriarch drwy gymryd yr hambwrdd agosaf i law a osodasai'r cwc yn y gegin, gan gyrchu parth yr ystafell fwyta yn wyllt, nid gyda'r ffesant oer fel yr oedd i fod eithr gyda'r cimwch oedd i ddilyn yn ddiweddarach. Pan sylweddolodd ei gamgymeriad trodd yn ei ôl yn sydyn wedi anghofio'n llwyr am ei grucymala ac fe syrthiodd ar ei wep ar lawr nes bod y lobstar yn sbleddach dros bob man. Yr unig beth glywodd Ifan Gruffydd pan ruthrodd ato i'w godi oedd ebychiad ffyrnig – 'stynnwch y ffesant uffar 'na i mi ta.'

Ond doedd ysbryd 'rhen Owen Jones na'r un Basil Ffawlti arall ddim yn teyrnasu yn Nhrescawen mwyach ac ni chodymodd neb, ac ni chollwyd yr un diferyn o'r cawl chwaith, mwy nag y digwyddodd yr un anhap wrth gludo'r eog ffres ar gyfer ein hail gwrs.

Wrth groesi'r cyntedd eilwaith ar ein ffordd i'r lolfa i yfed ein coffi, safasom i edmygu'r portreadau mewn olew oedd yn hongian ar y parwydydd yr holl ffordd i fyny'r grisiau llydan a chan ryw betrus hanner disgwyl gweld Mrs Pritchard Rayner ei hun yn gwneud ei hymddangosiad ar y landin. Dyna, yn ôl y stori liwgar arall a adroddir gan Ifan Gruffydd, a ddigwyddai ar y dot am un ar ddeg bob bore wrth i John Williams, y joinar, aros amdani ar y gwaelod i roi'r bwletin diweddaraf iddi am gyflwr Squeeky, yr ast fach ddu a gwyn honno a fu am gyfnod byr yn dioddef o hen anhwylder digon diflas. Amser pryderus oedd hwnnw i'r teulu canys fe ddwyfolid yr anifail hoff gan bob copa ohonynt.

Fel y clywai wich esgid ei feistres yn trymhau wrth iddi gychwyn o'i hystafell wely, byddai John Williams yn ymsythu fel soldiwr tra byddai hithau yn ei gyfarch yn ei dull bonheddig arferol:

'Good morning John Williams.'
'Gwd mornin, Ma'am.'
'How is little Squeeky this morning?'
'Jyst about the sêm Ma'am.'
'And has it paid tuppence yet, John Williams?'
'No, I'm afraid not Ma'am.'

Gwyddai John Williams yn burion mai ffordd barchus y ledi o ofyn a oedd yr organau mewnol wedi gweithredu fel y dylent oedd cwestiwn o'r fath, canys wedi rhwymo'n gorcyn yr oedd Squeeky druan!

Y diwedd fu, cil neu ciwar, gorfod saethu pilsen felen hirgron i lawr ei chorn gwddw un noson a phan agorodd John Williams ddrws y drawin rŵm drannoeth, neidiodd yr ast fach o'i basged gan roi croeso tywysogaidd iddo ac ysgwyd ei chynffon yn frwd, eithr gan geisio'r un pryd ar ganol y llawr guddio'r alanas fwyaf trychinebus a welwyd ar unrhyw garped bonheddig erioed!

Ar y dot am un ar ddeg y bore hwnnw, yr oedd yr hen saer yn ôl ei arfer wrth droed y grisiau yn disgwyl ymddangosiad ei feistres:

'Good Morning, John Williams.'
'Gwd mornin', Ma'am.'
'And how is little Squeeky this morning?'
'Much better today, Ma'am.'
'But has she paid tuppence John Williams?'

Yntau'n ateb gydag arddeliad mawr – 'Yes Ma'am, and a very nice tuppence it is too . . .'

Cafodd yr ast fach ei galw at yr Asgwrn Mawr ers nifer helaeth o flynyddoedd bellach ac y mae carped newydd ar lawr y *drawing room* wedi disodli'r hen fel nad oes olion o'r anfadwaith gynt i'w weld yn unman erbyn heddiw. Digon hwyrach ydyw nodi i Squeeky, mae'n ddiamau, gael dipyn mwy o barch yn ystod ei bywyd digon byr yn Nhrescawen nag a gafodd rhai o weithwyr cyffredin y stad mewn oes o wasanaethu yno.

Ond 'doedd rhai pethau wedi newid dim canys Saesneg yw'r iaith sy'n teyrnasu yno heddiw fel erioed. Nid oedd arlliw o acenion y Fam Ynys ar leferydd yr un o'r rhai a fu'n gwasanaethu i'n cyfreidiau ni yno y diwrnod hwnnw beth bynnag. Yn Saesneg y'n cyfarchwyd, a hynny'n ddigon diserch a chwta wrth y dderbynfa wedi i ni gyrraedd, a dyna'r iaith yr oedd disgwyl i ni ei siarad ger y bar wrth archebu diodydd, yn yr ystafell fwyta ac wrth dalu'r bil, ar bob achlysur yn wir.

Y mae ambell i Gymro bach diniwed fel fi yn tueddu i gael peth felly yn hen brofiad digon bygythiol, yn arbennig ar ddiwrnod fel hwnnw o gofio fod dyn yn ei sir enedigol a mwy neu lai ar ei domen ei hun – a chymryd y caniateir yr ymadrodd 'tomen' yng nghyd destun Trescawen felly, o bob man! Mewn awyrgylch o'r fath, ynghanol yr holl grandrwydd, y mae'r ychydig feistriolaeth y tybiai rhywun fod ganddo ar yr iaith fain yn dueddol o'i adael, onid cefnu'n llwyr arno. Yn wir, bron nad oedd angen i rywun o galibr Mrs Pritchard Rayner ei hun ddod i'r adwy i roi hyfforddiant i minnau y diwrnod hwnnw sut i draethu'n bropor ac ymddwyn yn unol â safonau cydnabyddedig defod ac eticét! Rywbeth tebyg i'r hyfforddiant hwnnw a gyfrannodd mor hael ac mor rhad i Ifan Gruffydd pan drawodd arno ar lwybr yr ardd un bore:

'Good morning, Griffiths.' (Nid oedd i un o'r gweision enw cyntaf bryd hynny fe ymddengys)
'Gwd mornin, Ma'am.'
'I suppose you know that Lord Louth is coming tomorrow for the shoot?'
'Yes, Ma'am.'

'Remember to say My Lord every time he speaks to you. Do you understand?'

'Yes, Ma'am.'

'Always answer him and Lady Louth properly now and in the right way. If he asks you *How are you?* don't say *How are you?* back to him Griffiths. Remember to answer *Quite well thank you my Lord, I hope you are well too.* Do you understand?'

Nid bod John Williams, y saer, wedi manteisio ar yr addysg honno chwaith. Doedd dim swildod o fath yn y byd ar ei gyfyl ef, ac o weld Lord Louth wedi cyrraedd rhuthrodd i'w gyfarfod gan gydio yn nwy law ei Arglwyddiaeth i'w gyfarch yn serchog:

'How are you Mistar Lord Louth, and how is Missus Louth? You lwcin feri wel syr.'

A'r hen Lord yn ateb â gwen ar ei wyneb, 'We are quite well thank you, John Williams. How is Mrs Williams?'

'She cipin olreit, syr. Bit of a cold, but that is in the ffasiyn these days syr,' cyn mynd yn ei flaen i gynnig ei wasanaeth i gario'r cetris a lodio'r gynnau i'w Arglwydd drannoeth.

Wedi mynd o'r diwrnod saethu heibio ac i'r Lord ddychwelyd i'w gartref yn Iwerddon, fe godai wedyn y disgwyliadau mawr ymysg y gweision am y cinio blynyddol a roddai y teulu Rayner i'w gwasanaethyddion nos trannoeth y Dolig yn y Servants Hall.

Ond, roedd y cymylau yn dechrau crynhoi uwchben Trescawen fel nifer o stadau cyffelyb eraill a dyddiau'r hen deuluoedd a fu'n mwynhau helaethrwydd oddi ar fraster eu tiroedd wedi eu rhifo.

'Yr hen Lloyd George ddiawl yna,' gâi'r bai gan y gweision. 'Be' ddaw o'r wlad os ydyn nhw am dynnu'r bobol fawr i lawr?' poenai John Williams wedyn. Ac Ifan Gruffydd yn ychwanegu â'i dafod yn ei foch, 'Tori mawr oedd John Williams . . . a phawb ohonon ni o ran hynny. Wel, Toris ar yr wyneb beth bynnag!'

Sgwn i beth feddyliai John Williams y joinar, Owen Jones yr hen fwtler, Ifan Gruffydd a'u siort heddiw tybed o weld yr hen le wedi ei drawsnewid mor llwyr a'i droi i'r hyn a adwaenir mewn cylchoedd silect bellach fel Country House Hotel? Fe gaent hwythau heddiw, dim ond o gredu i dalu cyfran o'u pensiwn am y fraint, gyfranogi o'r un moethusrwydd, o wledda'n fras ar y ffesant a'r cimwch yn y deinin rŵm, o yfed coffi yn y drawin rŵm, o swagro efo gwydriad o'r Port gorau wrth y bar a thynnu ar glamp o sigâr hefyd pe dymunent.

Â'r esgid bellach ar y droed arall, sgwn i tybed pa mor gartrefol a fyddent yno, er mai'r peryg yw y byddai'r hen waseidd-dra cynhenid, y cymhlethdodau taeog, wedi suddo'n llawer rhy ddwfn i'w hisymwybod fel mai dal i gredu y byddent mai'r *Servants Hall* fyddai'r lle iddynt hwy o hyd.

Prun bynnag am hynny, erbyn canol y prynhawn roedd y coffi wedi ei ddiysbyddu a'n dathliad bach preifat ninnau ar fin dod i'w derfyn. Wrth inni godi'n ddigon anfoddog o'n cadeiriau breichiau moethus, penderfynwyd croesi'r ystafell eang i gymryd golwg ar gynnwys y cwpwrdd llyfrau derw a safai â'i gefn ar un o'r muriau. Tybed beth oedd chwaeth darllen yr oruchwyliaeth newydd a pha ddarpariaeth tybed a wnaed ar gyfer y gwestai a ddôi yn eu tro i lacio cengal yno yn y gwesty gwledig?

Yn ofer, cwbl ofer, rwy'n ofni, y chwiliasom am rai o fân glasuron llenyddiaeth Cymru ail hanner yr ugeinfed ganrif. Doedd dim golwg yn unman o'r hunangofiannau a luniwyd gyda'r fath artistri gan y clamp o lenor hwnnw a oedd ymhlith yr olaf o'r hen gyfarwyddiaid Cymraeg – dim sôn am deitlau fel *Y Gŵr o Baradwys*, dim sôn am *Tân yn y Siambar*, dim sôn am *Cribinion* chwaith.

Roedd rhywun anwybodus unwaith yn rhagor wedi cawlio pethau'n o enbyd.

SETLO COWNT MEWN ADUNIAD

'*Excellent in football*', dyna'r unig '*ragorol*' a ddyfarnwyd erioed i mi mewn adroddiad diwedd tymor yn Ysgol Amlwch 'slawer dydd. Caed digon o sylwadau o natur lai caredig, y *very weak* fel enghraifft mewn Mathemateg, yr *only fairly satisfactory* mewn pynciau gwyddonol neu'r *lacks co-ordination, seems to have two left hands* mewn gwaith coed. Ond heddwch tragwyddol i lwch yr hen Breis Fawr am dystio 'mod i'n giamblar am gicio pêl. Petawn i ond wedi bod ychydig fodfeddi'n dalach mi fuaswn wedi gwenud marc ohoni. Ysywaeth, doeddwn i ddim. Mae gan Ryan Giggs a'r David Beckhams a'r Ruud van Nistelrooys y byd hwn le i ddiolch. Oni bai am fy modfeddi coll fe fydden nhw wedi eu llwyr fwrw i'r cysgodion.

Yn nheyrnas y dall, fodd bynnag, mae'r unllygeidiog yn frenin ac yn yr ysgol cawn fy ystyried yn seren eithaf disglair. Fe'm dewiswyd i chwarae ar yr asgell chwith i dŷ Eleth, safle yr oedd E.B., bwli'r ysgol, wedi ei thaer chwennych ac fe fu raid i mi ddioddef dan ei lach o'r herwydd. Rwy'n ymatal rhag ei enwi. Does dim diben codi hen grachod bellach, a phrun bynnag bu farw'n ddyn ifanc; ond yn yr ysgol roedd o'n llabwst cyhyrog, minnau'n gwlin 'sgyrnog ac yn ysglyfaeth rhwydd i'w herian a'i fwlio. Gwnaed fy mywyd yn uffern ar y ddaear am blwc.

Nes daeth John Monfa i'r adwy. Roedd John yn un o hogia mawr Fform Ffeif, yn horwth cryf, ac yn ddigon o fatsh unrhyw adeg i E.B.

'Os twtshi di gymaint â phen dy fys yn Wil bach Carreg-lefn eto mêt,' meddai'n fygythiol wrtho un amser chwarae, 'mi fydd raid i ti atab i mi dallta. Ac mi rwyt ti'n dallt debyg?'

Oedd, yr oedd E.B. yn dallt yn burion, ac o hynny allan y wlad a gafodd lonydd.

Gadawodd John Monfa yr ysgol ar derfyn y flwyddyn honno. Welais i mohono a chlywais i'r un sôn amdano am bum mlynedd a deugain. Nid nes i lythyr gyrraedd acw ryw fore o berfeddion Lloegr. Erbyn hynny roedd yntau yn hynafgwr llawn dyddiau ac wedi cael gafael ar rywbeth yr oeddwn i wedi digwydd ei sgriblio rywle ac wedi anfon gair o werthfawrogiad, pob parch iddo. Ar ôl hynny buom yn gohebu'n ysbeidiol â'n gilydd ac yr oedd o'n llythyrwr difyr odiaeth.

Wedi bod yn troedio hen lwybrau ei gynefin yr oedd o mewn un gohebiaeth ac wedi ei ddadrithio braidd, ac yn mynegi peth o'i brofiad –

'Yn *Y Llanc Nad Yw Mwy* mae gen ti strytyn digon diddorol 'rhen Wil,' meddai, 'o leia' roedd o'n ddiddorol i mi beth bynnag, sef hwnnw am stesion Rhos-goch a thafarn *Y Ring*, a wyddost ti be', mi gododd awydd mawr yno'i i fynd ar sgawt yn ôl i'r hen bentra y cyfla cynta' gawn i, ac fe ddaeth y cyfle hwnnw achan pan oeddwn i 'adra' y Dolig dwytha . . .'

Roedd Rhos-goch yn agos at ei galon am mai yng Nglan Gors yn yr ardal honno y gwelsai oleuni dydd y tro cyntaf erioed. Dyna gartre ei fam, ac er iddynt symud fel teulu i Ros-y-bol pan nad oedd o'n ddim o beth, roedd ganddo er hynny lawer i'w ddweud wrth yr hen le.

Gadawsai y car wrth hen efail Pengarnedd, mae'n debyg, gan gerdded yn hamddenol i lawr i gyfeiriad y pentre nes dod at y siop a'r Swyddfa Bost, a gâi ei chadw ar un cyfnod gan Mr Edgar Thomas. I'r Llythyrdy hwnnw, chwedl yntau, yr anfonid y teligrams.

'Fe fu'r teligram yn boen ar ysbryd Mam druan gydol ei bywyd priodasol,' tystiodd. 'Byddai gweld y postman yn dod ar hyd y llwybr at ddrws ein bwthyn yn ddigon i godi arswyd arni. Gallai'r teligram ddwyn newyddion da fod llong 'Nhad wedi docio yn Lerpwl ac y byddai gartre efo ni 'mhen ychydig oriau. Ar y llaw arall, roedd hi'r un mor bosib iddo ddwyn newyddion drwg fod rhyw drychineb wedi digwydd a bod yr M. V. Dolius wedi ei suddo gan long danfor Almaenig.'

Dechrau Ionawr oedd hi pan ddaeth y neges dyngedfennol, ei Fam yn rhwygo'r amlen felen yn grynedig, dim ond i ganfod oddi wrth y geiriau cyntaf, *The War Department regrets* . . . fod ei hofnau, o'r diwedd, wedi eu gwireddu. A John yn ychwanegu –

'Wrth synfyfyrio wrth y Post fachgian, daeth y Noson Lawen a gynhaliwyd yn ysgol Rhos-y-bol i groesawu'r flwyddyn newydd i'm co. Honno oedd y noson ola i 'Nhad ei threulio gartre cyn mynd i ffwrdd trannoeth i ymuno â'i long. Fo, fel roedd pethau'n mynnu bod, enillodd gystadleuaeth y llinell goll y noson honno a mawr yr hwyl a'r miri. Rydw i wedi anghofio llinellau cyntaf y rhigwm ond mae'r llinell fuddugol yn dal yn fyw iawn ar fy ngho' – *Yng nghesail Duw a digon* . . . od yntê. Ymhen yr wythnos, a dyna i ti gyd-ddigwyddiad, roedd o a'r holl griw wedi eu derbyn i ofal Duw a digon . . .'

Yr oedd tafarn *Y Ring* ar gau y prynhawn hwnnw fel na allai John roi tro o gwmpas y lle, er mai ofni yr oedd o prun bynnag fod y carioci wedi cyrraedd hyd yn oed i Ros-goch erbyn hynny ac y byddai yn ddigon i fyddaru pawb a phopeth. Eto, fe gofiai y pennill bychan a anfarwolai rai o hen ffyddloniaid y dafarn gynt –

> 'Hir oes i William Morus gu
> A Richard Huws y Portar
> A'r Tyddyn Mawr, a Lord a llu,
> A Jôs y Stesion Mastar;
> Ac Owen Parri, Con a'i nawdd,
> A Ned y Fodol dirion,
> A Joni gynt o Dwll y Clawdd
> A Wiliam Jôs Cae Ffynnon . . .'

Tawel fel y bedd oedd hi i gyfeiriad hen orsaf y rêl wê hefyd. O iard yr hen stesion y byddai Huw Wilias yn rhedeg ei fusnes glo a chydag Owen Lewis yn rheolwr ar gangen o'r Coparetif. Tŷ annedd ydyw bellach a'r lein, ers i'r Doctor Beeching chwifio ei fwyell, wedi hen, hen gau.

'Yno,' tystiai'r llythyrwr, 'y byddai Mam a finna yn disgwyl y trên a gludai 'Nhad adre ar ôl un o'i fordeithiau i'r dwyrain pell. Yno hefyd y ffarweliem ag o yn dilyn ambell seibiant yn ei hen gynefin. Ac yno, ar yr un platfform, hanner canrif a rhagor yn ôl bellach, y daeth ei arch i orffwyso ar derfyn ei siwrnai olaf . . . Yna, pan ddaeth yn amser i minnau adael yr ysgol a throi i'r byd mawr, o stesion Rhos-goch y cychwynnwn, ac yno y dychwelwn i fwrw ambell Sul gartre. Teithio drwy'r nos weithiau i gyrraedd Rhos-goch efo'r trên bore a chael fy nghroesawu â gwên lydan gan Richard Huws y Portar; ond cyn cychwyn ei cherdded hi weddill y daith i Ros-y-bol byddai raid iddo gael gwneud cwpanaid o de i mi, honno'n un gre 'dat dy senna di, tipyn amgenach na'r dŵr pwll y byddai rhywun yn talu crocbris amdano yn stesion Criw.'

Mae'n debyg fod John wedi loetran tipyn wrth bont y stesion hefyd ac i hynny ennyn drwgdybiaeth ambell un a'i gwelodd yno. Toc, daethai rhyw greadur ato gan holi yn Saesneg, tybed a oedd o yn chwilio am rywun, neu a oedd o angen rhyw fath o help, am ei fod yn ôl pob golwg yn ddiarth yn yr ardal? Gallai'r brawd fod o gymorth i rywun diarth canys roedd o, fe haerai, yn nabod bron bawb yn y fro.

'Pan ofynnais iddo,' meddai John, 'a oedd o'n nabod Wil Morus a Richard Huws Portar neu William Jôs Cae Ffynnon a Joni gynt o Dwll-y-Clawdd a Huw Parri'r Postman, ysgwyd ei ben yn ffwndrus wnaeth cono gan edrych yn ddigon hurt arna i. Doeddwn i ddim angen help y llymbar gwirion nag oeddwn? Nid fi, wedi'r cwbl, oedd y dyn diarth, ond y fo . . .'

Mewn llythyr arall soniai am deulu o sipsiwn a oedd wedi ymsefydlu yn yr ardal. Cofiai fynd efo'i daid ryw dro i'r garafán a oedd wedi ei stablu ger y lôn fach a arweiniai at ffarm y Pyllau. Cyrchu yno i brynu ebol oedd y bwriad. Gorweddai dau filgi wrth dennyn wrth y drws. Roedd y cwningod yn bla yn yr ardal bryd hynny a châi Twm James, y penteulu, ganiatád gŵr y Pyllau i gadw'r boblogaeth o dan reolaeth. Bu raid bargeinio'n hir a chaled cyn y llwyddwyd i brynu'r ebol, fodd bynnag, a dyna pryd y tarodd John ar Martha, merch y sipsi. Fe fu hi yn ddisgybl am blwc yn ysgol Rhos-y-bol ac fe arferai'r hogiau, ac yntau yn eu plith, dynnu arni drwy weiddi ar ei hôl.

>'Martha James yr hogan glên
>Mynd i Lundan efo'r trên,
>Dŵad yn ôl mewn balŵn
>Wedi colli darn o'i thrwyn . . .'

'Rhag cywilydd i ni 'tê am fod yn gymaint o hen fwlis,' sylwodd, gan fynd rhagddo wedyn i adrodd fel y bu iddo yntau, yn ei dro, ddioddef o dan law bwli.

Cyrraedd gartre'n isel ei ysbryd un prynhawn, yn ôl pob tebyg, a'i daid yn holi beth oedd yn bod arno, yntau'n gorfod cyfadde fod un o'r hogiau mawr wedi bod yn ei hambygio –

'Wyddost ti be faswn i'n 'i 'neud?' atebodd yr hen ŵr, 'mi rown gythral o gic dan badall pen-glin y cena os daw o'n agos i ti eto, ac os gnei di unwaith, mi dyffeia i di na ddaw'r diawl drwg ddim ar dy gyfyl di wedyn.'

Amser chwarae drannoeth fe gornelwyd John rywle ar waelod yr iard ond roedd yn barod am y sgyffl y bore hwnnw ac fe landiodd homar o gic o dan ben-glin ei wrthwynebydd nes ei fod yn udo dros y lle, a chafodd y llaw ucha' arno. Nid yn unig fe gafodd lonydd byth ar ôl hynny ond yr un pryd yr oedd yn uchel yn llyfrau hen fachgian ei daid pan ddychwelodd adre y noson honno i ddweud y stori.

Yr oedd John Monfa wedi hen fwrw prentisiaeth sut i drin y bwli cyn iddo rioed ddod ar gyfyl Ysgol Amlwch felly. Mater bychan yn ddiweddarach, ac yntau yn un o hogiau mawr Fform Ffeif, oedd achub fy ngham innau . . .

Rhyw hel atgofion fel yna y byddai mewn ambell lythyr, ond

wedi i mi dderbyn dau neu dri ohonynt fe dawelodd pethau drachefn ac fe ddiflannodd John Monfa o 'mywyd i'n gyfan gwbl am yr eildro. Chlywais i'r un gair ganddo wedyn er i rywun sôn ei fod ar fin ymddeol ac yn bwriadu dychwelyd i fyw i rywle yn agos i'w hen gynefin – hynny yw, dim un gair nes y cynhaliwyd aduniad i gyn-ddisgyblion yr hen Ysgol Ramadeg yng Ngwesty Lastra ryw flwyddyn yn ôl.

Pethau rhyfedd yw aduniadau. Doeddwn i ddim wedi edrych ymlaen yn eiddgar at y profiad. Faswn i'n 'nabod fy hen gyfoedion dyddiau gynt ar ôl hanner can mlynedd tybed? Beth fuasai gennym i'w ddweud wrth ein gilydd? Oni fyddai cynnal sgwrs yn straen? Wedi'r cwbl, doedd gennym fawr ddim yn gyffredin bellach. Roedd cyfnod llawer rhy hir wedi mynd heibio.

Ond nid oedd unrhyw sail i'm pryderon. Mae'n wir na lwyddais i adnabod pawb ar y cyfarfyddiad cyntaf. Roedd ambell un yn foel, un arall yn foliog, pawb wedi hen fritho, er bod ambell un yn ymddangos fel pe na bai wedi newid ond y nesaf peth i ddim. Roedd rhai wedi aros yn eu bro tra bod eraill, y mwyafrif, wedi ei gadael. Twm Llanol yn edrych yn dda. Roedd o wedi derbyn un o anrhydeddau'r Frenhines ac wedi gwneud ei beil fel dyfeisydd yr anadlenydd, y 'swigan lysh' fel y'i hadwaenir; Gruff Corwas wedi gneud marc ym myd addysg; Geraint Percy yn edrych fel hogyn er ei fod wedi hen ymddeol o fod yn bennaeth Adran Gymraeg ei hen ysgol; Olwen Banc wedi teithio o Aberhonddu i fod yno, hithau erbyn hynny yn weddw ac wedi cwblhau cyfnod fel Pennaeth Adran Ieithoedd Modern Ysgol y Strade, Llanelli; John Bryn Coch wedi rhoi'r gorau iddi fel aelod o Heddlu Gwynedd; Glyn ac Owi Prichard, yn eu dydd y ddau redwr gyda'r mwyaf chwimwth a gynhyrchodd Ynys Môn erioed, wedi hongian eu 'sgidia' speics. Yn eu plith hefyd yr oedd hogia' Gorslwyd Bach, Brenda a Pegi Rhiw, Gwen Croesa, Nansi Tŷ Gwyn, Mair Pensarn a Tomi Lôn Bach. Rhoddwyd clampan o gusan ar fy nwy foch gan Edna May; prynodd Harry Tre-go hanner o lager i mi. Na, doedd pethau wedi newid dim.

Ymhen ysbaid, â'r sŵn yn ymylu ar fod yn fyddardod braidd, a rhwng yr ysgwyd dwylo, y curo cefn, y chwerthin, y 'sut mae hi'n giardio ers cantoedd?' neu 'wyt ti'n cofio'r peth ar peth, yr hyn a'r llall,' teimlai dyn fod angen gwydriad arall, rywbeth go gryf i'w gynnal.

Stryffagliais at y bar. Yno, ar ei ben ei hun yn dal un cornel i fyny, ond gan anwylo ei beint yr un pryd, yr oedd gŵr yn ei drigeiniau, mewn siwt dywyll, solat o gorfflaeth ac wedi colli rhyw gymaint o'i wallt. Fe nodiodd yn gwrtais arna 'i. Nodiais inna'n ôl.

'Wel, myn dian i, Wil bach Carreg-lefn o'r diwedd,' meddai toc. Cynigiodd ei law gan ysgwyd f'un innau'n gynnes am funud da.

'Wyt ti'n dal i gicio ffwtbol o hyd tybad?' holodd wedyn, 'roeddat ti'n gythral o fôi ar y left wing i Eleth stalwm.'

'Mae'n ddrwg calon gen i,' atebais inna'n gloff, 'ond mae'n rhaid i mi ofyn pwy ydach chi, cofiwch. Wedi'r cwbl ar ôl cymaint o amser . . .'

Torrodd ar fy nhraws –

'Dydw i ddim wedi heneiddio cymaint â hynny debyg . . . a be ma' isio deud CHI 'mwyn tad . . . rargoledig . . . ond, cystal i mi dy ryddhau di o dy boen hefyd, John . . . John achan . . . o Ros-y-bol 'stalwm.'

'Nid . . . nid . . . wel! ar fengoch i . . . nid John Monfa rioed . . . ?'

'Y feri un i ti.'

A dyna ailysgwyd llaw 'dat y penelin y tro hwnnw, cyn cychwyn wedyn ar gyfres hir o gyfnewid atgofion. Ac yr oeddem ein dau yn dal i gofio pethau fel tae hi'n ddoe. Nid nes y dechreuais i sôn am E.B. y dechreuodd o simsanu –

'Mi fu farw'n ddyn ifanc meddan nhw'n, do?' sylwodd.

'Do,' atebais.

'Llabwst cry' doedd?'

'Hen gythral brwnt beth bynnag.'

'Ia dywad?'

'Dwyt ti ddim yn cofio i ti gadw 'nghefn i rhag 'i hen fwlio fo un tro . . . ?'

'Taw di . . .'

'A'i gaddo hi iddo yn y modd mwya' melltigedig tae o'n cyffwrdd cymant â phen ei fys yno' 'i wedyn.'

'Nac ydw cofia. Doedd o ddim yn ddigwyddiad digon pwysig mae'n rhaid . . .'

'Roedd o'n un pwysig ddifrifol i mi beth bynnag,' gwaredais, 'oni bai amdant ti 'radag honno . . .'

Chwerthin yn uchel wnaeth o gan ddal i daeru na chofiai yr achlysur. Roedd hi'n amlwg nad oedd y tro da wedi golygu dim oll iddo fo er iddo olygu cymaint i mi.

Eithr cynt y cyferfydd dau ddyn na dau fynydd. Fe gymerodd dros hanner canrif i mi allu manteisio ar y cyfle, ac mor falch oeddwn i o'i gael y noson honno, i ddiolch iddo am a wnaeth ac am iddo achub cam y gwan pan oedd hwnnw unwaith mewn hen argyfwng digon dyrys.

'Yli, 'rhen John, gad i mi beth bynnag brynu peint i ti . . .'

'Wel, os wyt ti'n pwyso.'

'Ydw mi rydw i'n pwyso . . . mi gei di ddau os leci di.'

MORDAITH OLAF Y GRACIE

Rwy'n methu penderfynu'n union p'run ai *'Dychwelyd Gartref'* ai *'I mewn i'r porthladd tawel clyd'* a ddylai fod yn is-deitl i hyn o druth. Mae un peth yn sicr, y byddai'r naill fel y llall yn gwbl addas canys ar ôl gofidiau dyrys deithio'r cefnforoedd a gorthrymderau filoedd yn sgil hynny mae'n ddiamau, dyna mewn gwirionedd fu hanes un o hen longau hwyliau'r Port ar y pumed ar hugain o Ebrill, 2002. Cyrraedd am ugain munud wedi dau ar frig llanw'r prynhawn.

I mewn i hafan Borth-y-gest i fod yn fanwl. Yno, yn Y Borthwen, y mae wedi docio bellach – ac yno, gellir bod yn weddol sicr, yr erys y rhawg. Wel, o leiaf bâr o luniau tra arbennig mewn dyfrlliw ohoni.

Fel un sy'n sgut am gyrchu i ocsiynau, roeddwn i un bore

Sadwrn yn turio â chrib mân drwy restr hirfaith, mewn rhifyn o'r *Herald*, o drugareddau a oedd i'w cynnig yn arwerthiant Cwmni Morgan Evans yn y Gaerwen y dydd Iau canlynol.

Fe dynnodd un eitem fy sylw. Yng ngeiriau'r hysbyseb – *An excellent pair of watercolours of the Porthmadog sail ship Gracie . . .* Nawr, mae'n rhaid cyfaddef na fu i minnau fel y bardd enwog hwnnw gynt ryw lawer o ddiddanwch yn y môr fel yn y mynydd, er hynny penderfynais y byddai'n eitha' trywydd i'w ddilyn. Ac i'r Gaerwen â mi y diwrnod cyn yr ocsiwn i roi fy llinyn mesur arnynt. Roedd mwy o wybodaeth yn eu cylch yn y catalog y credais i roi dwybunt amdano.

Rhif 355. Disgrifiad lled fanwl o'r ddau lun i gychwyn cyn rhoi manylion wedyn am y llong hithau gan gyfeirio ati fel *'a Newfoundland trader bought by an O. H. Owen, Borth-y-gest'*.

Unwaith y cyrhaeddais gartref fe godais y ffôn i roi galwad ar Mrs Glenys Owen Y Borthwen, gweddw y diweddar Ronald Owen, un o hen hogiau'r fro. Tybed a wyddai hi rywbeth am y llong arbennig honno? Cyn i mi orffen fy stori roedd hi wedi torri ar fy nhraws, wedi cynhyrfu braidd – 'Nid lluniau o'r **Gracie** rioed?' holodd, 'rydw i wedi bod yn chwilio ers blynyddoedd. Mi rown rwbath am eu gweld nhw. Faint ân nhw tybed? Biti na faswn i'n medru mynd yno 'fory, yntê?'

Ia, yn sicr un o longau'r Port oedd y *Gracie*, enw sy'n perarogli ar aelwyd Y Borthwen o hyd. Fe'i hadeiladwyd gan David Jones a'i lansio ar y dydd olaf o Ionawr 1907. Erbyn hynny yr oedd olion y machlud yn hanes y diwydiant codi llongau ym Morthmadog yn dechrau ymddangos. (Y llong olaf i'w chodi yno oedd y *Gestiana* – 1913 – y bu ei hanes yn un mor fer a thrasig.)

Roedd perchennog gwreiddiol y *Gracie*, sef Owen Humphrey Owen, Castle View, Talsarnau – o leia' fo oedd â'r siâr fwyaf ynddi – yn dad i'r diweddar Ronald Owen. Nid syndod o gwbl felly bod Glenys â'r fath ddiddordeb yn y mater.

Fe'i bedyddiwyd yn *Gracie* am mai dyna oedd enw mam Owen Humphrey Owen ac ef, yn ŵr ifanc saith ar hugain oed, oedd ei chapten ar ei mordaith gyntaf. Yn wir yr oedd ei dad yntau, William Owen, er yn hynafgwr chwech a thrigain erbyn hynny, yn gweithredu fel bosn ar yr un fordaith ond fe'i trawyd ef yn wael yn Svendborg, Denmarc a bu raid i'r llong hwylio hebddo. Fe ailymunodd â hi yn ddiweddarach fodd bynnag a bu'n rhan o'i chriw am rai blynyddoedd wedyn nes ei fod wedi cyrraedd oed yr addewid. Creadur gwydn, mae'n ddiamau.

Perthynai'r hen long i ddosbarth o sgwneri tri mast gosgeiddig y deuwyd i'w hadnabod fel y *Western Ocean Yachts*, y rhai oedd yn masnachu â Newfoundland a Labrador. Golygfa dra ysblennydd meddir oedd gweld nifer ohonynt â'u hwyliau'n llawn yn mynd yn un fflyd ar draws yr Atlantig. Yng ngeiriau Aled Eames, 'llongau hyfryd a hawddgar, a cheinder eu ffurf a chydbwysedd eu hwylbrenni yn deg i edrych arnynt. Nis gwelwyd mo'u rhagorach . . .' Ond yn aml byddent yn gorfod wynebu enbydrwydd cynddeiriog Gogledd yr Iwerydd pan fyddai'r tonnau yn cau fel mynyddoedd amdanynt a gerwinder ambell storm yn achosi cryn ddifrod. Gelyn arall a'i hwynebai wedyn wrth nesu ohonynt at arfordir St. John, dyweder, oedd y niwloedd oer a thrwchus wrth iddynt ymlafnio drwy fôr a oedd yn y gaeaf beth bynnag yn rhewglwm.

Y syndod yw eu bod wedi gallu gwibio'n ôl a blaen mor gyson chwim a lled ddianaf. Fe'i gwerthwyd hi yn 1916 i ddau fasnachwr o Newfoundland ond daeth i derfyn ei rhawd ger Cadiz yn fuan wedyn.

Eithr beth am y lluniau eu hunain? Un o'r *Gracie* dan ei hwyliau yw y cyntaf gyda'r Port, fe haerir, yn y cefndir. Ond prin hwyrach fod y cefndir hwnnw wedi ei leoli'n gywir. Eidalwr, fe gredir, oedd yr arlunydd, oblegid yn ôl y dystiolaeth, yn yr Eidal y câi nifer o'r lluniau o'r hen longau eu cynhyrchu a'u gwerthu'n ddigon rhad, a thybed nad Napoli sydd yn gefndir iddo ac mai Fesiwfiws ydyw'r mynydd a welir yn y cefndir yn hytrach na Moel-y-gest? Llun eitha' dramatig ohoni yn brwydro yn erbyn môr tonnog hynod dymhestlog yw'r llall.

Ond i dorri stori hir yn fyr, penderfynwyd cyrchu i'r Gaerwen wedyn drannoeth gyda Glenys i'n canlyn. Cyrraedd yn brydlon er sicrhau sedd – ac yno mewn gwewyr y buom yn cnoi ein hewinedd gan aros i'r gweithgareddau gychwyn am ddeg o'r gloch.

Gyda threigliad tragwyddol hir y teirawr cyntaf o werthu pob mathau o drugareddau, rhai gwych a rhai gwachul, gydag ambell un yn cael bargen, un arall yn talu drwy'i drwyn, y cyfan yn ôl arfer ocsiynau, fe ddeuwyd o'r diwedd at eitem *Rhif 355*.

'*Watercolours of the Porthmadog sail ship Gracie*' cyhoeddodd gŵr y morthwyl ynghyd â'r hysbys rigmarôl arferol. '*Who will bid me fifteen hundred to start?*' Rhywun yn y cefn yn amneidio'n syth. Yna, am oddeutu'r munud a hanner nesaf a ymddangosai'n hwy na'r un oes, bu galed y bygylu. Brasgamwyd i'r deunaw cant ar amrantiad bron ond wedi hynny dechreuwyd gwahanu'r had da oddi wrth yr efrau. Mae'n wir bod un arall o Fro Madog wedi eu ffansïo, ond buan yr herciodd hwnnw o'r neilltu. Dim ond dau erbyn y diwedd oedd yn y ras, Glenys yn dal i ddal ati ac yn magu penderfyniad di-ildio wrth yr eiliad, ynghyd â rhywun oedd wedi cyflwyno ei gynnig dros y ffôn, cynrychiolydd Adran Forwrol ryw amgueddfa os gwir y si, eithr diffygiodd hwnnw ar y dwy fil.

'Are we all done on two thousand one hundred?', holwyd. Distawrwydd fel y bedd. Neb yn symud llaw na throed. Rhag ofn! *'I'm selling then ... Going ... Going ...'* ac i lawr y daeth y morthwyl gydag awgrym o wên hunanfodlon ar wyneb yr arwerthwr parablus wrth iddo ychwanegu, *'I'm happy to record that the Gracie will today be returning home.'* O fewn yr awr, yn sicr ddigon, dyna fu ei hanes.

Ar y ffordd bu cryn ddyfalu yn ein plith ym mha gilfach tybed y bu'r lluniau yn llochesu'r holl flynyddoedd cyn dod eilwaith i'r golwg a'u cael eu hunain wedi eu bwrw ar sugn draeth peryglus ocsiwn Morgan Evans? Yr unig wybodaeth yr oedd yr arwerthwr yn barod i'w rhyddhau oedd mai wrth glirio tŷ rhywun yng nghyffiniau Caernarfon y daethant i'r fei. Yn y cyfamser gwnaed rhagor o waith ditectif gennym a llwyddwyd i ganolbwyntio'n fwy penodol ar ardal Pen-y-groes canys tybir iddynt am gyfnod hir fod yn eiddo i ryw hen wraig yn y fro honno, un a fuasai farw mewn gwth o oedran rai misoedd ynghynt. Dyn a ŵyr beth oedd ei diddordeb hi yn y *Gracie* na sut y daeth hi yn berchen arnynt. A fu aelod o'i theulu tybed, tad, gŵr, brawd, ewythr, yn aelod o'i chriw ryw oes? Mae'r ymchwil yn parhau.

Sut bynnag am hynny, mewn cyfnod pan yw'n hiaith a'n diwylliant dan warchae a'n tai a'n tiroedd yn cael eu traflyncu gan wanc anniwall estroniaid, mae o ddirfawr gysur gweld dim ond rhan fechan o'n hetifeddiaeth ambell waith yn cael ei diogelu. Dyna ddigwyddodd yn ocsiwn Morgan Evans yn y Gaerwen ddiwedd Ebrill 2002.

Ac erbyn meddwl – er y gwn fy mod yn adleisio pennawd nid anenwog a ymddangosodd yn *Y Cymro* unwaith – choelia' i fyth, yn y pen draw, na fyddai *'O'r Borthwen i'r Borthwen'* wedi bod cystal teitl â'r un o'r lleill i hyn o druth!

HEN BOSTER

Bargen ocsiwn oedd yntau'r hen boster, bargen yn ocsiwn C.I.C. i fod yn fanwl. Clwb ieuenctid Cristnogol dan adain Capel y Porth, yn nhref Porthmadog, dyna oedd C.I.C. Fe'i sefydlwyd rai blynyddoedd yn ôl a bu'n arfer gan ei aelodau dan arweiniad eu gweinidog ar y pryd, y Parch Gwenda Richards, i gynnal arwerthiant blynyddol i godi arian at achosion da. Ymhlith llu o bethau dyngarol eraill, fe fabwysiadwyd gan y bobl ifanc blentyn o'r trydydd byd ac âi llawer o'r elw o'u hymgyrch i gynnal yr achos tra theilwng hwnnw.

Ar gyfer yr achlysur byddent wedi cribinio'r ardal am y toreth rhyfeddaf a chyda'r mwyaf amrywiol o drugareddau i'w gosod ar fyrddau gwerthu; nid yn unig y pethau arferol, yn gacennau, yn ffrwythau a llysiau, yn sebonau a phersawrau a pheraroglau, eithr yn ogystal y gymysgedd fwyaf annisgwyl o geriach, yn cynnwys tlysau a theganau, hen luniau, hen lyfrau, ynghyd â llawysgrifau a llythyrau rhai beirdd a llenorion lleol. Popeth dan haul i'w rhoi dan y morthwyl mewn ocsiwn agored. O aros eich cyfle, fe fyddech chitha yn gwbl sicr o fargen.

Dwy bunt, fel enghraifft, a dalodd rhywun un tro am beiriant cofnodi galwadau ffôn heb fod yr un blotyn gwaeth. Bachodd cwsmer eiddgar arall ddrws ffrynt newydd sbon danlli grai am dair a chweugain! Papur pumpunt roddwyd am sugnwr llwch yn ei focs, chwech a choron am feic ymarfer, llai na hanner hynny am declyn i lacio neu strejio'r cyhyrau. Bobol y ddaear, ffolineb o'r math gwaethaf fyddai i'r un copa gwalltog yn ei lawn bwyll a'i synhwyrau gadw draw!

Gartre'n drymlwythog dan bwysau pob nialwch yr awn innau. Yr eitem fwyaf diddorol y llwyddais i gael gafael arni - er 'mod i'n sylweddoli'n burion nad yw pawb yn gwirioni 'run fath - oedd hen boster na welsai neb arall yr un rhithyn o werth ynddo ac na chostiodd ond y nesaf peth i ddim i minnau, dim namyn dyrnaid o geiniogau, a dweud y gwir plaen. Hen boster diolwg a diffrils ei hoedl mae'n wir, un wedi melynu peth hylltod o gylch ei odreon ar ben hynny, ond ei fod yn hysbysebu cyfarfod cyhoeddus a oedd wedi ei gynnal ym Mhorthmadog o dan nawdd Cyngor Eglwysi'r Dref rywbryd yn ystod dau ddegau'r ganrif ddiwethaf.

Rhoi gwybod i bobl y Port oedd y bwriad fod bonheddwr o'r enw Mr C. T. Studd – *'founder of the Heart of Africa Mission'* fel y'i disgrifir, *'just returned from the interior,'* yn adrodd ei *' wonderful story at Salem Chapel on Wednesday September 22 – to commence at 7:30.'*

Ni nodir pa flwyddyn yn union oedd hi, ond gwyddys mai'r Cadeirydd fyddai un o'r pwysigion lleol, un Jonathan Davies J.P. Yna, mewn llythrennau breision ar gyfer y rhai a chanddynt lygaid i weled, fe ychwanegwyd rhybudd – *'DON'T MISS IT!'* Ac ar ei waelod, fel ryw fymryn o ôl-ystyriaeth, barnwyd y byddai'n eitha' syniad cynnwys dwy frawddeg gwta ym mamiaith mwyafrif brodorion prif dref cwmwd Eifionydd –

'Mae gan Mr Studd stori ramantus i'w hadrodd. Peidiwch colli'r cyfle.' I goroni'r cyfan, a dichon fod hynny'n bwysicach nag odid undim, rhoddwyd ar ddeall y byddai'n *'Admission Free.'*

Mynediad rhad ac am ddim neu beidio, fe wn i am o leiaf un a fyddai wedi bod yn fwy na pharod i dalu unrhyw grocbris am yr hyfryd fraint o fod yno. I un a chanddo ddiddordeb ysol yn y gêm, un y mae criced yn ymylu ar fod yn grefydd iddo, byddwn wedi bachu lle ers oriau lawer yn y ffrynt ac yn ysu ar flaen fy sedd am i'r dywededig Jonathan Davies J.P. roi cychwyn i'r gweithgareddau. Oni chawn weld C. T. Studd yno yn y cnawd o fewn ychydig lathenni i mi, yr enwog, nage, yr hyglod gricedwr Charles Thomas

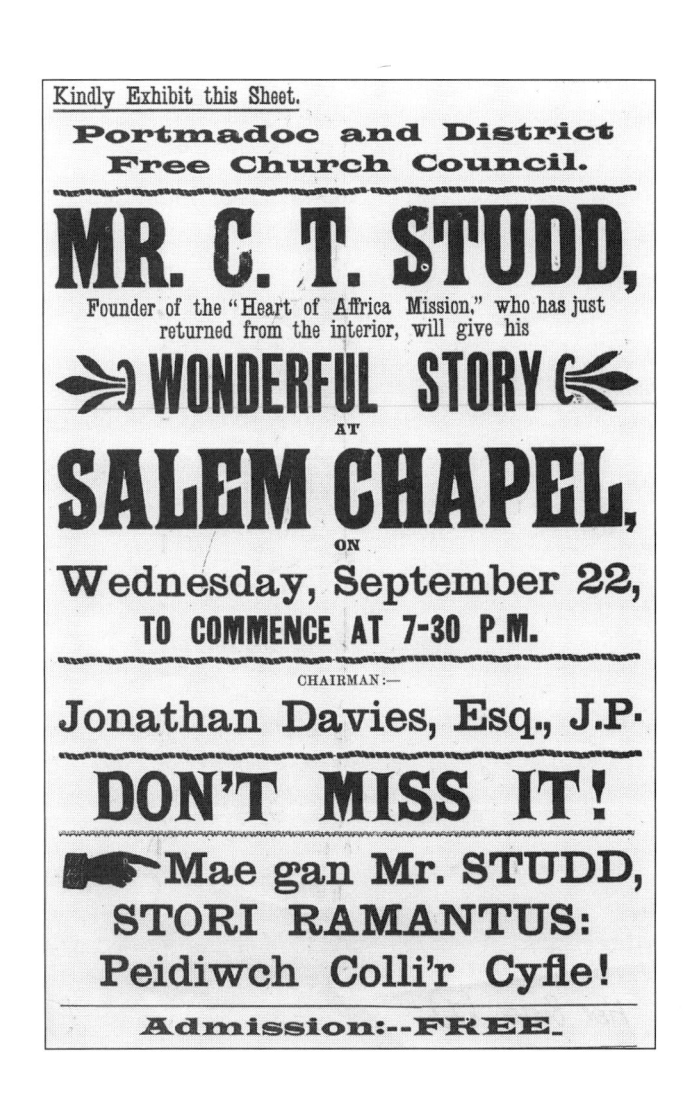

> **Kindly Exhibit this Sheet.**
>
> ## Portmadoc and District Free Church Council.
>
> # MR. C. T. STUDD,
>
> Founder of the "Heart of Affrica Mission," who has just returned from the interior, will give his
>
> # WONDERFUL STORY
>
> AT
>
> # SALEM CHAPEL,
>
> ON
>
> ### Wednesday, September 22,
> **TO COMMENCE AT 7-30 P.M.**
>
> CHAIRMAN:—
> ### Jonathan Davies, Esq., J.P.
>
> # DON'T MISS IT!
>
> ☞ Mae gan Mr. STUDD, STORI RAMANTUS: Peidiwch Colli'r Cyfle!
>
> **Admission:--FREE.**

Studd – Eton, Caergrawnt, Middlesex a'r M.C.C. – a rhoddi iddo ei bedigri llawn.

Yn 1882, yn ŵr ifanc dewisol a glân, yn ddim ond un ar hugain oed, ef oedd arwr pob hogyn ysgol drwy'r deyrnas. Sôn am David Beckham wir! Nid yn unig fe sgoriodd gant i'r *Gentlemen* yn erbyn y *Players* ar faes Thomas Lord y flwyddyn honno, ond fe ragorodd ar hyd yn oed hynny wedyn gyda batiad brenhinol ogoneddus i Gaergrawnt yn erbyn Awstralia gyda sgôr o 118. Roedd tyrfa luosog yn cymeradwyo'n frwd wrth ei groesawu'n ôl i'r pafiliwn ar derfyn marathon mor oludog. Nid rhyfedd, cyn diwedd y tymor hwnnw, fu iddo ennill ei gap cyntaf a'i ddewis, dan gapteniaeth A. N. Hornby, i chwarae i Loegr mewn Gêm Brawf yn Oval Kennington.

Colli, mewn gêm hynod glòs, fu hanes y Saeson yn yr ymryson honno mae'n wir – nid mai bai C. T. Studd oedd hynny cofier – y tro cyntaf erioed i Loegr gael ei threchu ar ei thomen ei hun gan dîm o Awstralia. Colli o saith rhediad yn unig gydag un o'r gwylwyr yn cwympo'n farw gorn gan gymaint y cyffro.

Bu wylofain a chryn rincian dannedd yn dilyn y fath drychineb – hynny yw, o golli'r gêm felly, nid o farw annhymig un o'r gwylwyr! Fe siglwyd yr holl deyrnas i'w seiliau. Clywyd dirgryniadau yng nghyrrau pellaf a mwyaf anghysbell yr hen ymerodraeth nad oedd fachlud fyth i fod arni. Câi'r methiant ei ystyried yn un mor enfawr fel yr ymddangosodd y nodyn coffa enwog hwnnw yn y Times – *'Er serchog goffadwriaeth am griced y wlad hon a fu farw yn yr Oval Awst 29, 1882 . . . fe losgir y corff a dygir y llwch i Awstralia.'*

Y gaeaf dilynol, sut bynnag, yn Awstralia, dan arweiniad yr Anrhydeddus Ivor Bligh a chyda C. T. Studd yn aelod o'r garfan, fe adferwyd bri criced Lloegr i'w briod ogoniant ac fe unionwyd peth o leiaf o'r cam. Mor falch yn yr hirlwm presennol mewn gornestau yn erbyn yr hen elyn fyddai dewiswyr tîm Lloegr o gael galw am wasanaeth W. G. Grace a C. T. Studd a'u siort. Byddai tipyn mwy o drefn ar bethau, decini!

Gyrfa fer ei pharhad fu hi er hynny, oblegid â'i lwybr yn ymagor yn unionsyth ddisglair o'i flaen a chyda'r holl wobrau llachar o fewn ei afael, fe ddigwyddodd rhywbeth cwbl annisgwyl. Penderfynodd Studd droi ei gefn ar y cyfan er mwyn ymuno â chriw o athletwyr gorau Caergrawnt oedd â'u bryd ar fynd yn genhadon i Tsieina.

Nid yn unig fe olygai hynny fod galw arnynt i ddysgu iaith y wlad, i wisgo fel y brodorion Tsieineaidd ac i eillio'u pennau yn ôl arfer y cyfnod, ond yr un pryd fe ddisgwylid iddynt gefnu'n gyfan gwbl ar eu hen fywyd. Byddai gofyn iddynt wynebu trafferthion a pheryglon dybryd wrth deithio ar hyd ac ar led gwlad mor eang, wrth ddringo dros fynyddoedd a chroesi afonydd er ceisio cyrraedd ardaloedd diarffordd. Ond nid oedd anawsterau o'r fath yn mennu dim arnynt nac yn pylu'r un iot ar eu gweledigaeth. Roeddynt wedi magu argyhoeddiad eu bod yn gwneuthur rhywbeth llawer amgenach a thipyn mwy gwerth chweil nag wrth dreulio'u hynni yn rhedeg ras, yn neidio dros glwydi neu'n ceisio lambastio darn o ledr efo pastwn o bren helyg.

Ar farwolaeth ei dad, fe etifeddodd C. T. Studd ddeng mil ar hugain o bunnoedd, a oedd yn swm sylweddol iawn bryd hynny, eithr fe deimlai nad oedd arno angen y fath gyfoeth. Ni fu fawr o dro nad oedd wedi cael gwared â'r cyfan ac wedi ei rannu ymhlith rhai y tybiai eu bod yn llai ffodus.

Yn 1910, fe newidiodd ei faes cenhadol a throi i gyfeiriad Niangara yn Affrica. Ymgartrefodd mewn bwthyn o laid a gwellt y rhoes yr enw 'Plas Buckingham' iddo a chan weithio ymhlith brodorion digon anwar, canibaliaid rai, os gwir y sôn. Diwrnod i'w gofio oedd hwnnw pan fedyddiwyd oddeutu dwsin o'r canibaliaid honedig rheini yn aelodau o'r Eglwys gyda Studd 'dat ei ganol mewn afon yn eu derbyn fesul un, a thra bod un arall ar wyliadwriaeth barod ar y lan gyferbyn efo reiffl ar ei fraich i gadw'r crocodilod draw!

Ymhlith ei gyfeillion croenddu, rhwng seibiannau yn ei famwlad, y treuliodd weddill ei ddyddiau ac ar derfyn ei fatiad olaf yn 1931 yr oedd trigolion coedwig Itiri yn cymeradwyo'n frwd wrth ei groesawu'n ôl i'r 'pafiliwn', canys roedd ei 'sgôr' erbyn hynny yn rhyfeddol o uchel yn eu golwg hwythau.

• • • •

'Mae gan Mr Studd stori ramantus.' Dyna fel y tystiai`r poster. Wn i ddim beth am 'ramantus', cofier, un hynod a thra chyffrous beth bynnag. Does dim dwywaith chwaith na fu llond Capel Salem gorlawn yn gwrando'n safnrhwth arno yn ei thraethu. Wedi'r cwbl, prin fod galw wedi bod ar yr un o weinidogion y Port erioed, na chynt na chwedyn, o ddyddiau William Ambrose a Iolo Caernarfon i ddyddiau John Roberts a Harri Parri – hyd yn oed os bu raid iddynt hwythau yn eu dydd wasanaethu i gyfreidiau rhai defaid duon – fugeilio canibaliaid chwaith! Prin, prin hefyd y bu galw ar yr un ohonynt i orfod bedyddio'r un aelod tra bod blaenor cydwybodol yn sefyll gerllaw gyda reiffl yn ei hafflau, ac yn canu 'run pryd eiriau'r Hen Bant:

'Pam y caiff bwystfilod rheibus
Dorri'r egin mân i lawr . . .!'

Ac fe'i dywedaf eto. O! Byddwn, fe fyddwn innau wedi rhoi llawer am y fraint o allu gwrando ar y cyn-gricedwr yn mynd drwy'i bethau y noson honno yn Salem .Yn y cyfamser, erys yr hen boster i freuo ac i felynu ar un o furiau fy nghell ar lawr uchaf y tŷ acw ac i dynnu dŵr o'm dannedd bob tro y digwyddaf droi fy ngolygon i'w gyfeiriad. Mae'n dal i'm hatgoffa am 'oedfa' na fynnwn er undim fod wedi ei cholli.

Pe tawn i ddim ond yn BOD bryd hynny!

CYFARWYDDIADAU I ŴR IFANC
SUT I DDEWIS GWRAIG

Cystal egluro un mater cyn symud cam ymhellach, sef nad yw'n fwriad gennyf yn hyn o fyd gymryd arnaf fantell yr un modryb gofidiau – Claire Rayner, Mary Marryat, Evelyne Home a'u siort – na chwaith anfon colofn fisol neu wythnosol i unrhyw bapur neu gylchgrawn i roi arweiniad i'r un copa walltog ynghylch eu problemau emosiynol, carwriaethol, nac unrhyw 'ol' arall dan haul creadigaeth y creawdwr. Mae gen i ddigon o'r rheini fy hun heb sôn am fynd ati i geisio datrys eiddo pobl eraill! Eithr tybiais, am y tro, nad cwbl ddi-fudd fyddai dwyn sylw rhai darllenwyr ifanc – a chymryd bod rhai darllenwyr ifanc ar ôl sydd ambell waith yn bwrw golwg ar gyfrol fechan fel hon – at erthygl y digwyddais bori ynddi yn ddiweddar.

    Cyfaill oedd yn clirio hen 'sgubor ym mherfeddion Eifionydd 'ma ac wedi dod o hyd i bynnau ar bynnau o hen gylchgronau yn perthyn i ddechrau'r ganrif ddiwethaf neu i ddiwedd yr un cyn honno. Mae'n wir eu bod yn ddigon gwael eu llun a'u lliw pan gafodd ef afael arnynt, a digon llychlyd, tamp a bregus eu hoedl, ond yn hytrach na'u bwrw ar y goelcerth i ganlyn y rhan helaethaf o'r nialwch trugareddau eraill, daeth â nhw acw a'u dadlwytho'n un llanast ar lawr ein cegin.

    Roedd rhai mewn cyflwr cwbl anadferadwy, ond o weithredu amynedd a manteisio ar ambell brynhawn braf digon prin ganol Awst 2002 i'w sychu yn yr haul, fe lwyddwyd i ddychwelyd ryw lun o anadl einioes a ffurf yn ôl i rai, yn eu mysg dwmpath eithaf sylweddol o *Y Gymraes*. Cyhoeddiad misol i ferched Cymru oedd hwnnw a gafodd ei olygu'n gydwybodol am un chwarter canrif gan Ceridwen Peris. Fe'i gwerthid am geiniog y copi a'i gyhoeddi yn Nolgellau gan E. W. Evans.

Un o Lanllyfni oedd Ceridwen Peris yn wreiddiol ac fe'i ganed ym mis Rhagfyr 1852. Bu'n brifathrawes Ysgol Dolbadarn am blwc ond yn 1881 bu raid iddi roi'r gorau i'r swydd honno pan briododd â'r Parch William Jones a oedd yn weinidog yn y Ffôr. Bu'r ddau yn weithgar iawn yn yr ardal am bymtheng mlynedd ar hugain cyn ymddeol i Gricieth. Crwydrodd hi a Plenydd (y bedyddiwyd Ysgol y Ffôr ar ei ôl) yn helaeth ledled Cymru. Ond er iddi fod yn weithgar gyda'r Mudiad Dirwest, mae'n ddiamau mai ei chyfraniad pennaf oedd hwnnw fel golygydd *Y Gymraes*.

Mae rhifyn Hydref 1911 wrth fy mhenelin y funud hon, er mai digon prin y byddai y rhan helaethaf o'i gynnwys yn apelio at ddarllenwyr erbyn hyn chwaith. Prin, fel enghraifft, y byddai newyddion o ganghennau a chyfarfodydd blynyddol Undeb Dirwestol Merched Cymru o ddiddordeb ysol i fawr neb bellach. Yn wir ac yn wir, onid yw trwch aelodaeth mudiad mor barchus ac anrhydeddus â Merched y Wawr hyd yn oed yn medru codi bys bach yn ddigon deheuig erbyn heddiw! Nac yn sicr druth yn dwyn y teitl *Mamau Gwerth Eu Cael* neu un o dan bennawd fel *Deg o Orchmynion Da*, deunydd sy'n un tanchwa o foesoli trwsgl ac anghynnil.

Annisgwyl er hynny mewn cylchgrawn o'r fath yw'r truth sy'n dwyn y teitl *Llythyr at ŵr ifanc yn ei gyfarwyddo sut i ddewis gwraig*. Wedi'r cwbl, cylchgrawn i ferched oedd *Y Gymraes* ac fe fyddai wedi bod yn rheitiach hwyrach i'r erthygl gynnwys cyfarwyddiadau i ferch ifanc sut i ddewis gŵr! Eithr at y gŵr ifanc yr anelir yr ohebiaeth. Y llythyrwr yw un sy'n dwyn yr enw Tom. Anfon at ei gefnder Bob y mae. Ceisiwyd diweddaru peth ar yr orgraff. Sylwer bod y paragraff agoriadol yn un tra blodeuog a barddonllyd.

Annwyl Bob,   *Hydref 1911.*

Min nos a myfi'n myfyrio ar ochr y bryn ac yn tawel edrych o'm cwmpas ar y nant eang yn ymagor o fy mlaen, yr afon fawr yn ymddolennu trwyddo, y trên draw yn rhoddi chwibanaid ac aderyn yn hyrddio allan yn sydyn ei gân wrth ehedeg dros fy mhen – meddyliais ynof fy hun a gofynnais tybed faint o ddedwyddwch sydd yn y bythynnod, yr amaethdai a'r tai a welaf yn britho llawr y dyffryn? Yna, cofiais fod yn fy mhoced lythyr oddi wrth gefnder i mi yn dweud ei fod yn chwilio am wraig. Yn y llythyr gofynnai sut wraig a fyddai orau iddo . . .

Yna, mae'r llythyrwr yn mynd rhagddo i ddoethinebu gerbron ei gefnder Bob ac i restru cynghorion fel a ganlyn –

'Un gall beth bynnag! Bob, am dy fywyd yn awr gwylia rhag syrthio i fagl geneth ysgafn ei phen. Cymer yn araf a phwysa di ei geiriau. Rho ddigon o brawf arni, a rho safon o 100 o farciau ar bob ymddiddan a fydd rhyngoch ac, ar ôl dod adref, dos yn dawel dros yr ymddiddanion, yr atebion a'r ymddygiadau ac yna marcia hwy. Os bydd yn teilyngu 80 marc rho hynny i lawr, os 40, eto hynny. Ymhen tipyn ti gei weld ai gwell na'r cyffredin ai salach na'r cyffredin fydd hi . . . Mi dâl y drafferth yn dda i ti rhag ofn i ti fynd yn feddal a phriodi heb ystyried.

Cofia o hyd, os gweli mai geneth ffôl fydd dy gariad mi gei ei newid pryd y mynni ond os priodi di hi, hyd angau, fel maen melin y bydd raid i ti ei dioddef. Bob annwyl, am dy fywyd yn awr, dewis un gall.

A pheth arall, dewis eneth grefyddol. Ond os cei di un gall iawn mi fydd honno prun bynnag yn siŵr o fod yn un grefyddol . . . Dyma y genethod casaf gennyf fi bob amser y rhai nad oes dim yn eu boddháu ond pethau ysgafn a chwerthinllyd – y rhai sydd eisiau bod yn JOLLY a mynd i'r CONCERT yn lle'r capel. Nawr Bob, sut bynnag y daw hi arnat ti cadw di 'elbow room' i rai fel yna.

Wel, a oes rhywbeth eto? Oes, pwysig iawn. Chwilia di am eneth a iechyd ganddi. Cofia nad oes modd cael aelwyd ddedwydd gyda gwraig afiach.

Dyma fi felly wedi enwi tri pheth pwysig. Un gall; un grefyddol; un iach. Oes rywbeth eto? Oes, da fyddai iddi fod yn Gymraes. Mi wnewch ddeall eich gilydd yn well. Wrth i ddau fod o'r un genedl mae mwy o debygrwydd anian rhyngddynt.

Rwyt ti'n disgwyl i mi sôn am arian onid wyt? Wel, y pethau salaf o bopeth i chwilio amdanynt wrth chwilio am wraig ydi arian. Os oes ganddi arian gall eu gwario a gall eu colli a gwneud llawer o bethau ffôl iawn gyda hwynt. Paid meddwl am wraig oludog o arian ond un oludog o ran ei synnwyr.

Os cei di eneth fel y disgrifiais, prioda hi.
Yr eiddot,
Tom.

Os oes gan unrhyw rai o blith gwŷr ifanc y dwthwn hwn felly glustiau i wrando – ond nid gwŷr ifanc yn unig o angenrheidrwydd chwaith, eithr hen lanciau canol oed yn ogystal, neu'n wir hyd yn oed rai hŷn sy'n awyddus i roi ail gynnig arni – yna gwrandawent. A thros y misoedd nesaf elent ati i chwilio'n ddyfal am y teip sy'n ymgorfforiad o'r wraig berffaith – Cymraes, sy'n dlawd mewn eiddo materol ond ei bod yn un gall, yn un grefyddol ac yn un iach!

Mae'r canllawiau a osodwyd gan Tom i'w gefnder Bob, fe honnir, yn rhai cwbl, cwbl ddiogel y dylid rhoi ystyriaeth ddwys iddynt. A chofied gadw'r merched JOLLY, y rhai sy'n chwennych byd y ddawns a'r gyfeddach, y partïon a'r dafarn a'r disgo, o hyd braich. Mae'r cyfryw rai i'w hosgoi fel y pla. Ond, cofier bob gafael, mai Tom cefnder Bob yn *Y Gymraes*, Hydref 1911, sy'n dweud hynny, nid y fi. Oedd Tom wedi gweithredu'r holl egwyddorion hyn ac wedi rhyfygu mentro i'r ystad briodasol ei hun sy'n gwestiwn!

Yn bersonol, rwy'n tueddu i gredu y byddai i ddarpar wraig ddod â mymryn o gelc i'w chanlyn yn gryn fantais. O leiaf byddai hynny'n beth cymorth i dalu cyfran o'r morgais!

A dyma derfynu gydag un gair o rybudd. Ymatalied bawb ohonom, ac ar bob cyfri, rhag cilwenu yn rhy nawddoglyd wrth ystyried cynnwys *Y Gymraes* yng ngoleuni safonau'r dwthwn hwn. Beth tybed fydd barn cenhedlaeth can mlynedd i heddiw o edrych yn ôl ar gynnwys cylchgronau fel *Y Wawr* a'u siort?

Y WHINJAR

Rydan ni oll yn ei medru hi, yn euog o'r camwedd, o gwyno ac o gnewian am rywbeth neu'i gilydd. Mae'n wir fod ambell un wedi perffeithio'r grefft yn fwy nag un arall, ond nid oes aelod o'r hil ddynol sy'n gwbl amddifad o'r ddawn. Brîd prin odiaeth yw'r rheini yn ein plith sy'n gwbl fodlon ar eu byd –

> 'Tydi hi'n braf deudwch?'
> 'Ond mae'r hen wynt 'ma'n ddigon main hefyd.'
> 'Dda 'i bod hi'n sych, 'dydi?'
> 'Isio glaw sydd . . .'

A dyna'r cwyno tragwyddol ynghylch cyflwr ein hiechyd wedyn. Mae gan D.Tecwyn Lloyd sylw diddorol yn un o'i bortreadau yn ei gyfrol *Lady Gwladys a Phobl Eraill* pan ddywaid 'nad oes bobl yn y byd i gyd sy'n hoffi trafod afiechydon yn fwy na'r werin Gymreig.' Yn wir, un o bleserau bywyd nifer ohonom yw rhestru, gydag anwyldeb a mesur helaeth o ymffrost a balchder, yr holl afiechydon y buom yn ein dydd yn dioddef oddi wrthynt, yn anwydau a chrwits, yn gnofeydd ac yn loesyctod y galon, yn wayw'r bonsia, yn llid y coluddion, yn ddolur rhydd, yn fronceitus, yn wendid ar y sblîn, yn glwyf y marchogion, mae'r rhestr yn ddiderfyn.

Y penllad fodd bynnag, yn marn Tecwyn Lloyd, yw pan fo rhywun wedi cael opareshion mewn ysbyty. Mae hynny, chwedl yntau, yn cael ei ystyried 'yn rhyw fath o radd uwchraddol, ryw M.B.E. dioddefianol, sy'n rhoi hawl i'r sawl a'i derbyniodd i ymddyrchafu ymhlith eraill sy'n dioddef helbulon digon poenus ond anysbytyol felly. Pan fo rhywun yn dechrau gyda'r geiriau – "Rydw i'n cofio pan oeddwn i yn y rospitol," bryd hynny mae'n amser i'r mân siarad am y riwmatics a'r gowt dawelu, yn yr un modd ag y buasai efrydydd eglwysig o'r Oesoedd Canol yn swatio wrth wrando, dyweder, ar Domos o Acwin yn trafod pwnc o ddiwinyddiaeth.'

Boed dywydd, boed afiechyd, boed brisiau bwyd yn y siopau, boed chwyddiant neu ansawdd rhaglenni radio a theledu, prysurdeb ar y ffyrdd, Saeson, y ddiffyg sêl at grefydd, powldrwydd pobl ifanc, tîm rygbi Cymru, dônt oll yn eu tro dan y lach, a phobl yn eu helfen yn cael dirfawr flas ar gwyno a phrotestio, gorymdeithio a streicio, chwifio baneri, arwyddo deisebau ac ysgrifennu llythyrau i'r wasg. Ac nid ffermwyr yn unig yw'r cyfryw rai, er mai nhw o bosib' yw'r pencampwyr yn y maes! O feddwl, chwrddais i â'r un ffarmwr cwbl ddedwydd ei fyd, ond dichon y byddai hwnnw wedyn yn taeru na welsai yntau chwaith 'run athro cwbl fodlon. Dilynwyr Victor Meldrew ydym un ac oll, yn griw rhwystredig a chwynfanllyd, y *whinjers* bondigrybwyll. (Mae'r gair Saesneg yn cyfleu y peth gymaint gwell na 'achwynwr'.)

Petai rhywun rywfaint haws o gwyno. Does 'na fawr o ddiben i'r peth mewn gwirionedd. Nid fy mod i fy hun, cofier, yn gwbl ddieuog yn y mater ac ni fynnwn ar unrhyw gyfri ymhonni'n Phariseaidd ynghylch y peth. Gallwn feddwl am ddyrnaid o achlysuron pryd y gellid ystyried 'mod innau'n hen gingron penstiff o'r radd flaenaf! Er hynny, buaswn yn taeru fod rhai pethau sy'n sanctaidd a phan gymerir, fel enghraifft, Gymreictod dyn yn ysgafn, rhaid iddo bryd hynny wneud safiad go gadarn.

Gorffennaf 1993 oedd hi, ninnau 'rôl taith hir a lluddedig o Wynedd, wedi cyrraedd gwesty yn Dover ple bwriadem aros dros nos cyn croesi am y cyfandir fore trannoeth. Digwyddem fod yn cofrestru yn y dderbynfa ac yn siarad ymhlith ein gilydd pan ofynnodd y ferch a oedd wrth y ddesg – yn ddigon cwrtais ar y cychwyn, pob parch iddi – tybed pa iaith a siaradem.

'It's Welsh,' atebodd un ohonom.

Roedd yr eneth fel petai wedi ei siomi braidd pan ddeallodd hi hynny ac fe ryfygodd, yr hen gnawes fach bowld iddi, i gynnig sylw cwbl ddi-alw-amdano –

'A fat lot of use that will be to you when you cross the Channel . . .'

Nawr, fynnwn i ddim gwadu nad oedd hi hwyrach wedi traethu mwy na hanner y gwir ond doedd ganddi 'run hawl i wneud gosodiad mor hiliol.

'Aros di ledi fach,' meddwn i wrtha i fy hun, wedi 'nghynddeiriogi gorff ac enaid, 'mi fydd raid i ti dalu am hyn.'

Ddywedais i ddim gair rhagor ar y pryd chwaith, dim namyn chwyrnu'n fygythiol a chan droi ar fy sawdl, ei gadael hi yno yn y fan a'r lle. Ond ar ein ffordd i'r llong fore trannoeth, postiwyd llythyr i bencadlys y cwmni yn bygwth mynd â'r mater ymhellach oni wneid rhywbeth ar fyrder ynghylch y fath gamwri. Er, waeth cyfadde ddim, o fewn tridiau, dan haul meddw'r Eidal, roeddem wedi llwyr anghofio am y peth. Hynny yw, nes cyrraedd ohonom yn ôl gartre lle'r oedd llythyr yn aros amdanom yn llawysgrifen ei awdur.

Dear Mr & Mrs Owen,
   Your letter to head office has been passed to me. I would like very much to apologise for any comments that were made on July 26. Anything I said was made in a light-hearted way and certainly no offence was intended.

I do hope you will accept my apology in this matter and that it will not put you off staying in our Travel Inn in the future.
Yours sincerely,
S. Stone.
(Receptionist)

Ein tro ni oedd o wedyn i gael ein pigo ryw gymaint gan gydwybod. Tybed oeddem ni wedi gorymateb, wedi bod yn rhy groendenau? Gallai'r eneth druan mor hawdd â dim fod wedi colli ei swydd, ac ni fynnem hynny. Ond eto, cofiem y frawddeg,' Anything I said was made in a light-hearted way . . .' Onid dyna union esgus chwaer fawr iddi, y jolpan Anne Robinson haerllug honno, ynghyd â brawd o'r enw A. A. Gill a nifer o rai tebyg sydd mor barod i wneud gosodiadau mor ddifeddwl. Rhesymol ddyletswydd dyn wedi'r cwbl yw galw'r cyfryw rai i gyfrif am fod mor llac eu tafodau. Fe gedwais y llythyr hyd heddiw. Rwy'n edrych arno'r funud hon.

Yr un modd fe dalodd i ni leisio cwyn yn ystod wythnos Eisteddfod Genedlaethol Nedd a'r Cyffiniau un tro, nid yn yr Eisteddfod ei hun chwaith, eithr eto fyth mewn gwesty lle y digwyddem fod yn aros, sefydliad gyda llaw a oedd yn ymffrostio yn ei bedigri tra serennog.

Ar un wedd roedd y gwesty hwnnw yn fan delfrydol i aros deuddydd. Roedd yno faes golff hwylus gerllaw i'r rhai a ymhoffai yn y fath weithgaredd. Roedd y lolfeydd yn foethus, yr ystafelloedd bwyta yn olau ac eang, y llofftydd gyda'r holl gyfleusterau, a'r cyfan am hanner can punt y noson. Yn wir ni ellid meddwl am unlle gwell, hynny yw nid tan amser brecwast ein bore olaf yno.

Roedd cwpwl o gyfeillion yn aros efo ni a'r pedwar ohonom yn awchu am bryd maethlon cyn rhoi cychwyn ar farathon arall o grwydro maes y Brifwyl.

Ni ellid gweld yr un bai ar y cyflenwad o sudd oren ffres oedd ar gael, na'r muesli maethlon. Roedd yr ŵy a'r selsig a'r cig moch hwythau o'r safon uchaf bosib a'r paneidiau te yn eli i'r galon. Y tost oedd fymryn yn ddiffygiol canys fe sylwodd un ohonom fod dau neu dri ysmotyn o lwydni ar rai o'r tafellau.

Doeddwn i'n amau dim, cofier, nad oeddwn i, yng nghwrs y blynyddoedd, wedi lleibio i'm cyfansoddiad beth wmbredd mwy o lwydni nag oedd ar y darnau tost yn y gwesty serennog hwnnw ar fore cynnar o Awst yn ardal Nedd a'r Cyffiniau yn 1994, a'm bod i wedi byw drwy'r cyfan i ddweud yr hanes. Dôi dirfawr gysur yr un pryd o gofio fod Syr Alexander Fleming yntau yn ei ddydd wedi profi y gallai llwydni fod yn gemegyn antibiotig gyda'r mwyaf effeithiol i erlid bacteria, i ymosod ar bob meicrob ac i ddiheintio pob amhuredd, fel nad oedd achos poeni rhyw lawer. Ond roedd y ddwy wraig yn y cwmni yn udo'n brotestgar ac yn pwyso arna' i druan i wneud rhywbeth ynghylch y peth.

Yn anffodus, hyd yn oed â hithau'n wythnos yr Eisteddfod Genedlaethol, doedd y weinyddes ddim yn rhy rugl yn iaith y nefoedd ac ar funud gwan ni allai'r un ohonom ninnau – y pedwar sglaig ag oeddem – gofio beth oedd 'llwydni' yn y Saesneg!

'Excuse me,' meddwn i'n gloff a phetrus, gyda rhyw atal dweud rhyfedd wedi fy meddiannu – 'can I draw your attention to . . . to . . . to . . . the fact that the toast is . . . is a little bit grey.'

Doeddwn i ddim yn disgwyl i'r greadures ddeall a wnaeth hi ddim chwaith nes iddi gydio yn y darnau tramgwyddus a chraffu arnynt yn gyhuddgar cyn torri allan i ymddiheuro'n llaes.

'Good gracious me. You are quite right too, sir, it is a bit mouldy. I'm terribly sorry. I'll replace it immediately . . .,' gan ei gwneud hi'n dinfain yn ôl i'r gegin.

Ond y drwg oedd na welwyd mo'ni byth wedyn. Fe ddiflannodd hi a'i thost a'r llwydni yn llwyr oddi ar wyneb y ddaear i rywle. Roedd hi'n amlwg nad oedd ganddi'r iau i ddychwelyd.

Wedi hir a hwyr ddisgwyl, codasom ninnau oddi wrth y bwrdd i ddychwelyd i'n llofftydd i gasglu'n bagiau cyn ei gwneud hi wedyn at y ddesg i dalu'r bil.

'You must be the gentleman who had the mouldy bread,' sylwodd y brawd yn y fan honno.

'I'm afraid so,' tystiais innau gan fwriadu mynd rhagof, mor huawdl ag y gallwn, i fynegi peth siomiant ynghylch y mater, eithr torrwyd ar fy nhraws,

'We do apologise most profusely, sir, and under the circumstances there will be no charge for your stay with us.'

Allwn i ddim credu'r peth. Roeddwn i'n gwbl gegrwth. Bil o ganpunt wedi ei ddileu o flaen fy llygad. Tybed, yn enw pob cydwybod, a allai dyn dderbyn y fath arddangosiad o ewyllys da, eithr clywn un o'r tri arall yn sibrwd o'r tu ôl i mi –

'Paid â bod yn blincin ffŵl, derbynia air y dyn ac mi bachwn hi oddi yma am ein hoedal.'

A dyna a wnaed. Steddfod rad, wedi'r cwbl, fu Eisteddfod Genedlaethol Frenhinol Cymru Nedd a'r Cyffiniau 1994 i ni, er mai dyna'r unig dro erioed i mi elwa'n sylweddol o leisio unrhyw fath o gwyn hefyd.

Ond beth am bennod anffodus y tair gwenynen yn y dorth Hovis wedyn? Wel! gwenyn mewn rhyw fath o dorth frown beth bynnag, onid yr union dorth fechan, faethlon honno, yr arferid hysbysebu ei haml rinweddau ar deledu, wrth ddangos rhyw lafn o hogyn, i gyfeiliant rhai o seiniau symffoni Byd Newydd Dvořák, yn gwthio'i feic yn llafurus i fyny'r allt serth i'r siop i'w phrynu. Torth dafellog a barodd inni golli pob archwaeth am de y prynhawn hwnnw beth bynnag. Roedd y gyntaf o'r tair gwenynen yn gelain gegoer yn y bedwaredd dafell, yr ail tua chanol y dorth rywle, a'r drydedd yn y crystyn ar ei gwaelod.

Roeddem wedi ein syfrdanu ac, yn ddiseremoni, yn ein cynddaredd cyfiawn, lapiwyd y tafelli ple daethai y tair gwenynen i derfyn eu rhawd ddaearol, i mewn i gwdyn plastig a'u bwrw'n syth i'r rhewgell. Gwarantai hynny y byddai gennym dystiolaeth pan ddôi'n amser i bwyso ac i fesur pethau. Yna'n syth, cyfansoddwyd llythyr protestgar, rhoi stamp dosbarth cyntaf arno, a'i bostio'r union brynhawn hwnnw i ryw gyfeiriad yn Sir Gaerhirfryn yn rhywle.

Ond fe'n hanwybyddwyd gyda dirmyg, canys ar ôl mis hir

doedd yr un ateb wedi cyrraedd o bencadlys y cwmni pobyddion. O'r herwydd, galwai'r sefyllfa am rywbeth amgenach na llythyr ac fe benderfynwyd anfon un o'r tafelli lle gorffwysai corff gwenynen farw ynddi, ynghyd â rhybudd bod dwy arall, yr un mor farw, yn aros i'w cyhuddo, ond mai i awdurdod uwch, pe bai angen, yr anfonid y rheini. Bygythiwyd yr un pryd rhoi'r stori yn nwylo'r wasg a'r cyfryngau torfol eraill.

Mewn llai na deuddydd, roedd sleifar o gar nobl yn cael ei stablu o flaen y tŷ acw a gŵr bonheddig hynod o drwsiadus, wedi taith hir a lluddedig yr holl ffordd o Rochdale, yn curo wrth ein drws. A dyn clên oedd y dyn. Mi fasa wrth reswm. Doedd o erioed wedi gweld pentref bach mor brydferth â Borth-y-gest, medda fo. Roedd gennym ninnau gartref hyfryd gyda golygfa mor ardderchog o'r ffenest ffrynt. Ac am yr ast fach Mali, y sbaniel cafalîr oedd acw ar y pryd, ni welsai mo'i delach, na'i hanwylach, na'i hoffusach; a sheflio lledod y bu y rhawg cyn i hen fater llosg y gwenyn yn y dorth godi ei hen ben yn y diwedd!

Roedd y dyn, medda fo, wedi bod yn gweithio i'r un cwmni ers deuddeng mlynedd ar hugain ac ni welsai ac ni chlywsai undim tebyg yn digwydd erioed o'r blaen. Roedd yr hyn a ddigwyddodd yn ddirgelwch llwyr iddo ef a'i gyd-gyfarwyddwyr ac wedi bod yn achos loes a phoen meddwl difrifiol i bob un ohonynt. Nid yn unig yr oedd yntau wedi dod yr holl ffordd, taith ddwyffordd o ddau gant a hanner o filltiroedd, i ymddiheuro mewn sachlian a lludw inni ond hefyd, fel arwydd o ewyllys da, i gynnig iawn inni.

Roeddwn i'n closio at y dyn wrth yr eiliad!

'Fel arwydd o ewyllys da,' tystiodd wedyn, gan estyn am ei waled o boced ei gesail, 'rydan ni wedi penderfynu cyflwyno'r rhain i chi. Mae yma ddeugain tocyn i gyd ac am bob un o'r rhain fe gewch chitha, mewn unrhyw siop sy'n gwerthu ein cynnyrch ni, dorth gyda'r orau, yn rhad ac am ddim. Ar ben hynny mi ro' i fy mhen i'w dorri na fydd yr un wenynen yn llechu ar eu cyfyl yn unman . . .,' a chan roi ryw chwerthiniad cwta am ben ei arabedd ei hun.

Ar ei ffordd allan roedd o'n dal i ryfeddu at yr olygfa, yn dal i ddotio at yr ast fach, yn dal i ddiolch am ei groeso.

Bwyta bara brown y buom ninnau am y deugain niwrnod a'r deugain nos nesa', drwy gydweithrediad caredig y dyn clên o Rochdale; ond a oedd y cyfan yn y diwedd wedi bod yn werth y drafferth am iawndal mor bitw sy'n gwestiwn.

Yn dynn ar sodlau helynt y dorth daeth helynt y pysgodyn! Brithyll i fod yn fanwl, un a roddwyd o'm blaen mewn tafarn yn Ninas Mawddwy. Cyw iâr mewn basged oedd dewis doeth fy ngwraig ond mi gredais i i fynd am y brithyll gan losgi 'mysedd yn enbyd yr un pryd. Bu raid aros am hydion amdano i gychwyn a phan gyrhaeddodd doedd o ddim wedi chwarter ei goginio, gyda darnau o rew yn dalpiau ar y plât ac yn bibonwy drosto.

'Peryg bywyd,' protestiais, 'gwenwyn pur . . . o fwyta peth fel hyn y ceir aflwydd saith seithgwaith gwaeth na'r un salmonela . . .' Prysurwyd i'w gludo ymaith am dwymiad arall yn y meicrodon.

Ddwywaith drachefn fe roddwyd y pysgodyn gwrthodedig o'm blaen a dwywaith wedyn yr anfonwyd o'n ôl gen inna', fel bod ymhen hanner awr o chwarae tennis bwrdd ag o 'olygfa', fel y dywedir, ar fin datblygu yn yr ystafell fwyta orlawn.

'Rhaid i mi gael gweld Rheolwr y shianti yma,' mynnais.

'I be' cyboli di,' arthiodd fy ngwraig, 'chei di mo'r gair ola' o beth sy'n siŵr i ti.'

A roedd hi'n llygad ei lle hefyd. Roedd y Rheolwr, pan wnaeth ei ymddangosiad, yn horwth dwylath deunaw stôn, a'i drem yn un dra fygythiol. Gallai fy rhoi i druan ym mhoced ei wasgod pe dymunai.

A fi, os gwelir yn dda, oedd ar fai yng ngolwg y brawd. Roeddwn i'n llawer rhy ffyslyd. Doedd neb wedi cwyno o'r blaen. Roedd o'n 'nabod fy nheip i'n rhy dda a chyda llawer mwy o eiriau dethol a lliwgar taranodd –

'If you don't like it, mate, you can lump it . . .,' a thra bod y gweddill yn yr ystafell wedi rhoi'r gorau i fwyta er mwyn clustfeinio ar y blagardio.

'Bendith y tad i ti, tyrd o ma,' pwysodd fy ngwraig wedyn,' i be'cynhyrfi di dy hun i ddim, chei di mo'r gair ola' fan hyn, dallta.' A cherdded allan wnaethom ni er nad oedd modd mynd â gweddillion y pysgodyn efo ni i'n canlyn y tro hwnnw chwaith i'w roi mewn unrhyw rewgell yn unman.

Mae'n wir hefyd i ddau neu dri o lythyrau gael eu cyfnewid rhyngom a'r dafarn honno yn ystod y mis canlynol, er waeth cyfadde ddim mai colli'r frwydr wnes i. Y mae un peth er hynny'n gysur, 'mod i o leia' wedi byw i allu adrodd yr hanes, rhywbeth nad yw'n digwydd bob amser wrth i ddyn geisio amddiffyn ei dipyn hawliau.

O'r gorau, hwyrach ei bod hi wedi talu i mi gwyno yn Eisteddfod Nedd a'r Cyffiniau ond, ar ddiwedd y dydd, mae dyn yn bownd o'i holi ei hun a oes ddiben mewn gwirionedd lleisio pob cwyn, waeth pa mor gyfiawn bynnag fyddo'r achos. Yn y pen draw, mae gwers i'w dysgu yng ngeiriau'r hen rigymwr anhysbys hwnnw o Sais 'stalwm; a chystal eu dyfynnu yn y gwreiddiol –

> This is the grave of Mike O'Day
> Who died maintaining his right of way,
> His right was clear, his will was strong
> But he's just as dead as if he'd been wrong!'

A digon tebyg oedd damcaniaeth yr adroddiad a gyhoeddwyd gan dîm o arbenigwyr ym mhrifysgol Boston dro yn ôl. Tystiolaeth ei awdur, y Doctor Raymond Niara, oedd nad lefelau uchel o golesterol, nid goryfed, nid gorysmygu chwaith, na phethau o'u bath, ydyw'r peryglon pennaf i danseilio iechyd dyn. Mae'r *whinjar*, waeth pa mor lân fo ei arferion na waeth pa mor gymhedrol ei fuchedd, yn y pen draw, yn debyg o ddiodef helyntion yn llawer cynt.

Y rhai ohonom y mae gennym glustiau i wrando . . .

MWY AM 'LOL'

Gwelir ei lyfrau mewn safle o anrhydedd ar y silffoedd yn y tŷ acw gan gynnwys yr argraffiad cyntaf o'i waith enwocaf. Tebyg y bydd hwnnw o ryw werth ryw ddydd. Mae ei lofnod, ynghyd â sylw pwrpasol o'i eiddo, ar bob un yn ogystal. Hefyd, mae acw un neu ddau o'i lythyrau ac fe'u trysorir hwythau. Chwrddais i erioed â fo, ond pan fu farw ychydig flynyddoedd yn ôl, daeth acw rai galwadau ffôn yn rhyw lun ar gydymdeimlo â mi yn y brofedigaeth, yn union fel petawn i wedi colli cyfaill mynwesol, neu'n wir aelod o'r teulu. Ac ar un wedd, tebyg 'mod i, er y byddai sôn am golli arwr, un a fawr edmygwn beth bynnag, yn nes i'r marc, llenor yr oeddwn ers blynyddoedd wedi gwirioni ar ei gynnyrch. Er nad fel Lol yr adwaenwn i o chwaith. Feiddiwn i ddim rhyfygu bod mor hy â hynny! Enw anwes ei fam a'i chwiorydd a'r llawiau agosaf arno oedd Lol. Laurie Lee oedd o i mi.

Nid ers dyddiau Emily Brontë a Thomas Hardy, mae'n debyg, y

cysylltwyd enw llenor o Sais mor dragwyddol anwahanadwy â'r fro yr hanai ohoni. Y graig y naddwyd Laurie Lee ohoni, sy'n Feca i filoedd o'i edmygwyr erbyn hyn, yw'r darn gwlad hwnnw, y dyffryn cul y cyfyngir ar ei orwelion gan ffawydd amddiffynnol, un sy'n ymestyn ar y B4070 o Stroud, hyd at bentref diarffordd Slad a thu draw iddo, yn Sir Gaerloyw yn y Lloegr wledig.

Fe'i ganed yn aelod o deulu mawr yn 1914. Roedd ar Reg Lee, gŵr gweddw o Stroud, angen rhywun i gadw tŷ ac i ofalu am ei bedwar plentyn. Ymatebodd un Annie Lite i'r alwad a'i briodi'n ddiweddarach. Caed pedwar plentyn arall o'r briodas honno wedyn a Laurie oedd yr ieuengaf ond un. Ymhen ychydig flynyddoedd, fe gymerodd Reg Lee y goes gan adael ei wraig a'r torllwyth ar ôl yn Stroud, eithr gan anfon un bunt drwy'r post yn selog bob wythnos at eu cadw. Fe ddwys obeithiodd y fam, am ddeng mlynedd ar hugain, y dychwelai'r gŵr afradlon ryw ddydd, ond wnaeth o ddim. Pan oedd Laurie'n deirblwydd fe symudodd y teulu ryw ddwy filltir i fyny'r dyffryn gan ymgartrefu yn Slad.

Bu'n greadur digon gwantan ei iechyd o'r cychwyn. O sylweddoli na châi plentyn nad oedd wedi ei fedyddio ei gladdu mewn man cysegredig, eithr ar gyrion mynwent ynghanol y potiau jam, penderfynodd ei fam, o fewn ychydig oriau wedi iddo gael ei eni, anfon am y Ficar, ac fe'i bedyddiwyd yn y fan a'r lle â dŵr mewn cwpan de!

Bu'n wael am fisoedd, yn gorwedd ar ei gefn yn gorpws egwan ac yn rhythu'n gegrwth ar y to, o'r braidd yn gallu anadlu. Ac fe lwyddodd yn ddeheuig yn ystod y blynyddoedd nesaf wedyn i ddal pob afiechyd plentyn y gwyddai'r byd meddygol amdano bron, brech yr ieir a'r frech goch, clwy penna', difftheria, y pâs, pliwrisi, y fygfa, ecsema, y gron, nedd, catâr a rhagor. Â'i lygaid bob amser yn gochion, wastad yn snwffian yn sgil helyntion efo'r adenoid, câi yn feunyddiol ei yrru allan o'r dosbarth yn yr ysgol, ac yno y gwelid ef â golwg piblwyd arno yn eistedd ar ben y wal yn chwythu ei drwyn! Yn wir, dim ond y gwytnwch yr oedd wedi ei etifeddu oddi wrth ei gyndeidiau a'i galluogodd i oroesi.

Flynyddoedd yn ddiweddarach fe gafodd driniaeth ddigon poenus i'w sinws yn Ysbyty St Thomas yn Llundain ac yr oedd yn ddryswch llwyr iddo bryd hynny, pan alwai cyfeillion dros y ffôn i holi ynghylch ei iechyd, o glywed un o'r staff yn datgan ei fod yn 'gyffyrddus'; yntau'n dadlau na fu iddo deimlo mor 'anghyffyrddus' yn ei fywyd erioed! A byth oddi ar hynny bu'n dioddef yn ddifrifol o syndrom y gôt wen ac arno ofn paranoid o feddygfeydd ac ysbytai, meddygon a deintyddion a'u holl wehelyth. Yr unig gysur oedd yr argyhoeddiad a fagwyd ynddo nad oedd dynion a merched cwbl iach byth yn bobl greadigol. Afiechydon a phoenau, corfforol neu feddyliol, oedd y sbardun bob gafael, barnai, i fardd neu i lenor fynnu encilio i fyd arall, gwahanol. Ond er y byddai ambell gip achlysurol ar ei farwoldeb digon brau yn ei sobri gorff ac enaid, ni wnaeth hynny erioed beri iddo ddod i delerau â'r ffaith y byddai raid iddo ryw ddydd adael y byd hwn. Roedd yn caru ei fwynderau achlysurol yn llawer gormod.

Roedd y Laurie teirblwydd wedi ei lapio ym maner Jac yr Undeb pan fwriwyd ef yn ddiseremoni o'r drol ar ddyfodiad y teulu i'w cartref newydd ym mlwyddyn olaf y Rhyfel Mawr. Dan yr unto iddynt, trigai'r ddwy hen grimpan, Grani Wallon a Grani Trill, dwy nad oedd iddynt ond un pleser yn eu bywyd, sef y blas a gaent o hewian yn barhaus ar ei gilydd.

Pan fûm i yno ddiwethaf, roedd gafr wen yn pori'r llethr uwchlaw'r tŷ, un o ddisgynyddion, mae'n ddiamau, yr afr enwocach honno a fyddai'n codi arswyd ar bawb a phopeth wrth iddi lusgo drwy'r pentref berfeddion nos â'i chadwyn i'w chanlyn.

Gyferbyn â thafarn yr Woolpack, ynghanol y pentref, roedd yr ysgol lle bu Miss Wardley druan yn ceisio stwffio dysg i benglogau cenedlaethau o weision ffermydd. Un arall o athrawesau'r cyfnod yn yr un academi oedd y Crabby honno, oedd yn berchen gwddf a llais yn union fel hen dyrcan! Yna'r eglwys, braidd ddeucan llath i ffwrdd, lle bu Laurie'n aelod selog o'r côr.

Ar waelod y dyffryn roedd cartre'r Sgweiar. I'r plas, drwy'r eira, y cyrchai'r carolwyr bob Dolig. Yno hefyd yr oedd terfyn y gorymdeithiau pwysig bob un, megis honno i ddathlu'r heddwch yn 1919.

Byd bychan hynod oedd eu byd a phrin eithriadol ei uchafbwyntiau. Yn ôl safonau heddiw, roeddynt yn enbyd o ddifreintiau a'r fam, y Fartha drafferthus, benchwiban, mewn bydau'n wastad yn ceisio cael deupen llinyn ynghyd; cymdeithas bron yn ffiwdalaidd ei natur unwaith yn rhagor a'r clwt yn un eithriadol gyfyng. Ond roedd y gymanfa ryfedd o gymeriadau a fyddai'n mynd ac yn dod o fywyd yr hogyn yn ei flynyddoedd ffurfiannol yn un liwgar. Dyna'r ewythrod, Charles, Ray, Tom a Sid; Miss Flynn druan wedyn y bu iddi ddiwedd mor drasig, neu Jo a Hannah Brown, y ddau a fu'n cyd-fyw mor ddedwydd gyda'i gilydd cyn i hir ddyddiau a llesgedd eu llethu a'u symud i'r wyrcws i dreulio gweddill eu hoes ar wahân. A heb anghofio Rosie Burdock a ddysgodd iddo rai o ddirgelion bywyd o dan y drol yn y cae gwair ar brynhawn o haf. Nid anghofiodd fyth gusanau ei gariad cyntaf, cusanau swil yr oedd blas seidr arnynt; cusanau mor swil, chwedl yntau, fel petai dwy ddeilen wedi digwydd dod i wrthdrawiad â'i gilydd wrth gwympo drwy'r awyr. Fe groniclwyd y cyfan ganddo yn ddawnus ryfeddol yn ei gyfrol hudolus – *Cider with Rosie*.

O ysgol y pentre aeth i Ysgol Ganolraddol Stroud ond daeth ei addysg ffurfiol i ben pan oedd yn bedair ar ddeg. Bwriodd dymor yn clercio mewn swyddfa cyn penderfynu'n bedair ar bymtheg, yn 1934, ei bod yn hen bryd iddo ledu 'i orwelion. Cefnodd ar ei fro, ac efo dim ond dyrnaid o fisgedi triog ei fam i'w gynnal, cychwynnodd ar daith hir i Lundain gan gerdded yno bob cam.

Treuliodd ran helaeth o'r flwyddyn honno yn labro yn Putney. Fe'i cyflogwyd gan ryw adeiladydd, a gwthio berfa yn llawn sment y bu am fisoedd. Dyna pryd yr ymunodd â'r Blaid Gomiwnyddol ac y dechreuodd gyfansoddi cerddi. Ymhellach ymlaen, byddai'n cyhoeddi pedair cyfrol o'i farddoniaeth, cyfrolau digon tenau mae'n wir, cyfanswm o ryw saith a thrigain o gerddi i gyd, a chynnyrch nad oes llawer o ddarllen arnynt bellach, mae'n rhaid cyfaddef.

Fe'u canmolwyd am wreiddioldeb eu techneg ond fe'u beirniadwyd am eu diffyg dyfnder.

Yn 1935 prynodd ffidil, a chyda honno ar ei gefn buddsoddodd ei holl eiddo daearaol ar docyn unffordd o Southampton i Vigo. A dyna roi cychwyn ar ei garwriaeth fawr â Sbaen. Ar y pryd 'doedd y Sbaen honno ddim wedi ei halogi gan dwristiaeth. Fe gymerodd yntau yn ei ben i gerdded ar draws y wlad, heb fod ganddo'r un modd cynhaliaeth, dim namyn byw ar ei wits a cheisio cadw'r blaidd hyd braich drwy fyscio!

Croesodd fynyddoedd ffyrnig Galicia cyn disgyn i wastadeddau crasboeth Zamora ar ei ffordd i Valladolid a Segovia. Yna, dros y Sierra de Guadarrama i Madrid. Ymlaen wedyn yn y gwres llethol, drwy Toledo yn rhanbarth Castile, i Valdepenas, a thros y Sierra Morena a thrwy Cordova i Seville yn Andalwsia nes, erbyn diwedd y flwyddyn, gyrraedd ohono Algeziras yn y de.

Ond yr oedd cymylau'r Rhyfel Cartref yn dechrau crynhoi a gorfu iddo ddychwelyd gartre ar frys. Croniclodd hynt a helynt y farathon taith honno yn ei gyfrol – *As I Walked Out One Midsummer Morning*. Eithr megis dechrau yr oedd ei ymrwymiad i Sbaen, oblegid o fewn blwyddyn fe'i gwelwyd yn cyrchu'n llafurus dros y Pyreneau yng nghanol lluwchfeydd Rhagfyr i ymuno â'r ymgyrch yn erbyn Franco. Fe'i 'restiwyd ddwy waith o fod o dan amheuaeth o fod yn ysbïwr yn ystod yr antur honno, pan fu ond y dim iddo â chael ei ddienyddio. Mae'r stori wedi ei chofnodi'n lliwgar a medrus yn y gyfrol olaf a gyhoeddodd yn 1991 – *A Moment of War*.

Cider with Rosie, er hynny, yw ei gampwaith. Mae honno'n em o gyfrol gain a thelynegol, cynnyrch gŵr wedi meddwi ar eiriau. Enynnodd y gwaith 'Hosanna' o bob cyfeiriad gan feirniaid glafoeriog. Mewn pôl a gynhaliwyd dro'n ôl fe'i gosodwyd yn uchel ar restr llyfrau mwyaf cymeradwy yr ugeinfed ganrif. Gwerthwyd cymaint â chwe miliwn o gopïau gan ennill i'w hawdur ryddfraint dinas Llundain yr un pryd, anrhydedd eithriadol brin i unrhyw lenor. Mae'n ddeunydd, yn ôl Gilly Cooper, a fu'n gymydog agos iddo, 'sydd yn briodas lwyddiannus ryfeddol rhwng bro tu hwnt o brydferth a llenor tu hwnt o fedrus.'

Perthynai Laurie Lee i genhedlaeth a welodd derfyn traddodiad mil o flynyddoedd ac fe'n cyfareddodd â phortread o ffordd o fyw oes a fu ac a ddarfu ac â chofnod o dirwedd, ac o arferion, a arhosodd yn ddigyfnewid nes eu difetha gan y peiriant.

Mae poblogrwydd y gyfrol i'w briodoli i'r faith fod ein cyfnod ni yn hiraethu am y gwreiddiau a gollwyd, er mai'r gwladwr mewn alltudiaeth sydd ynddi bob gafael, a hwnnw'n dragwyddol ifanc. Ond prin fod ynddi ramantu canys cofnodir caledi a gerwinder bywyd yn ogystal â'i orfoledd, ei greulonderau a'i fwynderau fel ei gilydd.

Hwyarch ei fod yntau, fel ambell un tebyg iddo, yn euog o ystumio peth ar y gwirionedd ambell dro ac o droedio'r llwybr llithrig rhwng myth a chywirdeb ffeithiol ac i hynny fod yn faen tramgwydd i ambell lythrennolwr, ond mae'n werth darllen ei ysgrif – *Writing Autobiography* yn ei gyfrol *I Can't Stay Long* i ddeall beth yn union oedd ei flaenoriaethau ef wrth lunio hunangofiant. Prin hefyd, yn y cyswllt hwn, fod angen ymddiheuro am alw i gof unwaith yn rhagor eiriau doeth cyn-brifathro Coleg Aberystwyth mai 'math o gelwydd sy'n dweud y gwir yw llenyddiaeth.'

Byw digon main, bohemaidd, o'r llaw i'r genau bron, oedd ei fyw ef a Kathy mewn fflat yn Llundain yn ystod y blynyddoedd cynnar wedi iddynt briodi, ond unwaith y cyhoeddwyd *Cider with Rosie* yn 1959 daeth tro ar fyd. Dechreuodd y mêl lifo i'r cwch, er ei fod ef yn taeru mai'r unig wahaniaeth a ddaeth yn sgil llwyddiant ysgubol y gyfrol oedd ei bod yn ymddangos fel pe bai mwy o wisgi ar gael yn y tŷ wedi hynny!

Gallodd fforddio i brynu bwthyn yn ôl yn Slad ac i symud ei deulu bach yno, eithr gan fynnu'r un pryd ddal ei afael ar ei droedle yn Llundain. Hwyrach nad yw pobl greadigol ymhlith y rhai hawsaf i fyw efo nhw, ac o bosib roedd hynny'n wir yn ei achos ef. A dyna fu'r patrwm am flynyddoedd, cynllun a oedd yn gwbl dderbyniol gan y naill ochr fel y llall, Laurie'n bwrw'r Suliau efo'r teulu yn Slad ond yn ymneilltuo weddill yr wythnos i weithio yn y fflat yn Chelsea.

Ar ei ben ei hun yn Llundain, dibynnai'n helaeth ar fwyd tun. Ar dro, agorai dun Whiskas i'w rannu efo Darwin, y gath! Yn ei farn o, doedd undim mwy blasus! Roedd bwyd cath yn tra rhagori, yn llawer mwy maethlon na phowlenaid o lobsgows!

Sgwennwr araf, hynod lafurus ydoedd ar waetha'r pwysau cynyddol a roddid arno gan ei gyhoeddwyr. Roedd yn ormod o berffeithydd a osodai arno'i hun drefn rhy ddisgybledig i fod yn awdur cynhyrchiol. Cymerodd bedair blynedd hir, fel enghraifft, iddo gynhyrchu ei waith gorau; ei gau ei hun yn unigrwydd ei groglofft; trafod â neb; dim sôn am na theipiadur na phrosesydd geiriau, sgwennu rownd y rîl efo pensal blwm, ambell baragraff fwy nag ugain o weithiau. Rhygnai arni bob dydd o ddeg y bore hyd bedwar y prynhawn, ond gyda photel o win bob amser wrth ei ochr. Roedd mor hoff o'i win ag ydoedd o ferched. 'Fe fyddaf yn ystyried potel o win gwyn,' tystiodd unwaith, 'fel slasen benfelen, cwmpeini od o ddifyr, tra bo potel o'r coch wedyn fel brwnét gysurlon . . .!' Toriad oddeutu amser te i gael sgwrs efo'r gath a dwy awr o weithio caled wedyn cyn troi allan i'w hoff dafarn i roi'r byd yn ei le efo'r llawiau agosaf.

Gŵr cymdeithasgar ar un wedd, creadur gwylaidd llawn hiwmor, gwrandäwr da, un pryfoclyd hefyd ar brydiau, hoff o chwarae triciau ar ei ffrindiau; ond gallai fod yn fyfyrgar a mewnblyg yn ogystal wrth iddo neilltuo i'w gragen ac i'w fyd bach ei hun. Rhemp hefyd o ystumddrwg ac ystrywgar, bron na ddywedid dichellddrwg ar brydiau. A'i grintachrwydd, os yn annisgwyl, yn ddihareb! Arferai rhai o'i gydnabod dynnu arno ambell waith drwy gymryd arnynt geisio cofio pryd yn union y digwyddodd y peth a'r peth, ac fe fyddai rhywun yn y cwmni bownd o gynnig sylw coeglyd – 'dydach chi rioed wedi anghofio debyg. Roedd hynny dair blynedd a hanner dda yn ôl bellach, dyna'r pryd y talodd Lol am rownd i ni ddwytha!'

Bu *Cider with Rosie* am flynyddoedd ar restr llyfrau gosod sawl bwrdd rheoli ar gyfer y Dystysgrif Addysg Gyffredin mewn llenyddiaeth Saesneg, ac fe gyrchai'r pererinion llenyddol ifanc wrth eu cannoedd i Slad i flasu awyrgylch y lle. Mentrodd un geneth ifanc, er ei bod o bosib o dan oed, i dafarn yr Woolpack un tro. Uwchlaw'r Bar gwelai lun o'r Laurie ifanc, pedair ar bymtheg, yn cychwyn allan ar fore o Fehefin ar ei antur fawr i Lundain. Erbyn hynny, wrth reswm, roedd ef yn hynafgwr llawn dyddiau ac yn eistedd yn ei sêt arferol gyda'i beint o'i flaen (mae plac pres yn nodi'r fangre heddiw). Eisteddodd yr eneth wrth ei ochr, er na sylweddolai pwy ydoedd chwaith, a dechreuodd dynnu sgwrs ag ef. Toc, gofynnodd yn gwrtais – 'Tybed allwch chi ddeud wrtha i ble yn union yn y fynwent fan acw y mae'r awdur Laurie Lee wedi ei gladdu?' Heb achosi unrhyw embaras i'r eneth, fe'i siarsiodd, mor huawdl ag y gallai, ei bod wedi cyfeiliorni braidd am fod y dywededig ŵr yn fyw ac yn iach ac yn dal i droedio'r hen ddaear 'ma o hyd.

Eithr nid yr un bellach yw'r Slad heddiw â'r Slad ddoe. Nid cymuned amaethyddol mohoni erbyn hyn chwaith. Mae'r bythynnod wedi eu moderneiddio a'r prisiau a roir amdanynt gan y mewnfudwyr yn enfawr. Prynwyd ei hen gartref, y talai ei fam dri a chwech yr wythnos o rent amdano, gan deulu o Lundain am chwe chan mil. Tŷ annedd yw'r ysgol hithau. Hawliodd y fynwent lu o'r hen gymeriadau. Mae'r dreif at dŷ'r Sgweiar bron ar gau, y llyn wedi sychu, y brithyll wedi darfod amdanynt, tyfiant wedi tagu popeth, yr elyrch wedi gadael. Hen gefnodd Rosie Burdock hithau â'r fro. Yn y diwedd, priododd rywun o blwy arall ac fe aeth i fyw ac i epilio i'r fan honno. Hen Nain mewn gwth o oedran yw hi bellach.

Â'i olwg yntau yn pallu a'r gwynegon yn ei lethu, fe'i gwelid ar dro yn eistedd dan het Banama yng ngardd ei fwthyn yn Slad. Byddai wedi gwisgo'n rêl toff, mewn siaced lliw hufen, a chyda tei Clwb y Garrick am ei wddf, wrth iddo edrych draw dros ei ddyffryn hoff i synfyfyrio ar y gogoniant a fu. Ambell waith, codai'n stryffaglyd ar ei draed i chwifio'i ffon yn fygythiol ar y drafnidiaeth wyllt a wibiai heibio, neu i graffu'n edmygus, ar waetha'i lygaid pŵl, ar goesau pob merch ifanc a ddigwyddai gerdded i lawr y pentref.

Onid oedd erioed wedi bod yn hoff o gwmni'r merched? Roedd merched wedi llywodraethu ei fywyd o'r cychwyn, ei fam, yr hanner chwiorydd hŷn a fu'n ei fagu a'i dinpwl, Rosie Burdock a llu o gariadon eraill, nes iddo'n un ar bymtheg ar hugain briodi Kathy, oedd yn llawer iau nag ef, nith i'r cerflunydd Epstein gyda llaw, 'un o ferched harddaf gorllewin Ewrop' fel yr oedd Laurie mor hoff bob amser o ymffrostio. Ddeuddeng mlynedd yn ddiweddarach, ac yntau erbyn hynny ar ddannedd ei hanner cant, ganwyd eu hunig blentyn, Jessica, a fu'n gannwyll ei lygaid weddill ei oes. Caed ysgrif hyfryd ganddo'n dwyn y teitl *'A Late Fall'* ar ei dyfodiad hi i'r byd. Nhw ill dwy, Kathy a Jessy, a'i cadwai'n aml ar y cledrau. Hebddynt, gallai fwy nag unwaith fod wedi mynd ar ddisberod.

Ar waethaf ei lesgedd, fe fynnai ddal ati ac fe'i cythruddwyd yn enbyd yn 1995 pan fygythiwyd codi stad o dai newydd yn y dyffryn. Ac yntau erbyn hynny'n bedwar ugain, roedd ar flaen y gad yn arwain gorymdaith brotestgar o gadwriaethwyr i wrthwynebu'r bwriad. Mynnai fod yr awdurdodau yn neilltuo'r fan ar gyfer cwningod a draenogod a llwynogod ac ambell hen gojiar fel ef ei hun! A dyna, o drugaredd, a wnaethant. Fe gariodd y protestwyr y dydd. Petai'n Gymro yn arwain protest gyffelyb, diau y byddai wedi ei gyhuddo o hilyddiaeth ac o bob mathau o droseddau anfad cyffelyb. Ond, o feddwl, hwyrach fod ganddynt yr ochr draw i'r Clawdd 'na fwy o feddwl o'u cwningod a'u draenogod a'u llwynogod ac ambell i hen gojiar, nag sydd ganddynt yr ochr hon, dyweder, o ambell gymuned y mae ei haelodau yn mynnu amddiffyn yr hyn sy'n werthfawr yn eu golwg hwy!

'Ar wahân i'r waliau cerrig 'ma,' haerodd yn 1997, 'fi ydi'r peth hynaf sydd ar ôl yn y dyffryn bellach. Bu amser y tybiais 'mod innau fel hwythau yn anninistriadwy, ond gan i ddwy ohonynt gwympo'r gaea' dwytha, rwy'n ofni mai fi fydd y nesa'.'

Ac yno yn ei fwthyn yng nghanol y fro a anfarwolwyd ganddo ac yr ysgrifennwyd gyda'r fath gynhesrwydd amdani, y bu farw ganol Mai 1997. Roedd yn ddwy a phedwar ugain ac ymron yn gwbl ddall.

Roedd hi'n arllwys y glaw ddydd ei angladd a hwnnw'n law tyfiant mis Mai. Arhosodd yr hers ennyd wrth y dafarn cyn symud ymlaen ar y daith fer i'r eglwys fechan ar y llethr gerllaw. Darllenodd yr offeiriad ddwy o gerddi'r ymadawedig, *Field of Autumn* ac *April Rise* cyn offrymu gweddi bwrpasol. Yna, fe'i rhoddwyd i orffwys yn yr un beddrod â hen wraig ei fam, y sawl, yn anad yr un arall, yr oedd wedi rhannu â hi ei holl frwdfrydedd arn y byd a'i amherffeithrwydd.

Wedi'r arwyl, ymneilltuodd y galarwyr i'r Woolpack lle'r oedd y tafarnwr rhadlon wedi gofalu fod peintiau rhad yn llifo'n ffri i un ac oll. Byddai Lol wrth ei fodd ac wedi gwerthfawrogi'r weithred garedig honno'n fwy na'r un.

EIDDO LLANC O EFRYDYDD

'Beth wna i â hon dywad?'

'Pa hon?'

'Wel. HON yntê!'

'O! honna? Darn o racsyn da i ddim i neb bellach. Ffling iddi 'tê.'

'Mi fasa'n biti hefyd.'

'Wisgi di byth mo'ni eto, na wnei?'

'Wyddost ti ddim, tai hi'n digwydd g'neud hen aea' calad arall.'

'Ond mae gin ti ddwy neu dair o rai gwell – un newydd sbon heb ei thynnu o'i bocs ers tri Dolig.'

'Oes, 'does.'

'Dydi hi'n hen fel pechod i ddechrau cychwyn.'

'Mi fydd yn hannar cant y flwyddyn nesa os caiff rhywun fyw.'

'A'r pryfaid wedi hen lwgu arni. Edrych ar y tylla 'ma, mae hi fel gogor.'

'Gad iddi 'run fath achos dydi hi na bwyta nac yfad, chwara teg.'

'Nefi trugaradd! Rwyt ti'n medru bod yn greadur od weithia.'

Wel, hwyrach fy mod i, ond allwn i yn fy myw fy rhoi fy hun mewn sefyllfa i gael gwared â hi chwaith.

Fy ngwraig, fel y bydd gwragedd weithiau, oedd wedi cael un o'i ffitiau tymhorol ac yn mynnu, fel ryw scyfflar, mynd drwy'r cypyrddau dillad acw, yn dyfal chwynnu ac yn sgubo o'i blaen bopeth yr ystyriai hi eu bod allan o'r ffasiwn neu wedi gweld dyddiau gwell, er mwyn eu bwrw i safnau agored un neu ddau o fagiau duon plastig oedd yn aros ar lawr y llofft i'w traflyncu'n wancus. Y cyfan, yn ôl y sôn y tro hwnnw, i'w anfon i geisio diwallu rhyw gymaint ar anghenion trueiniaid y Trydydd Byd yn rhywle.

'O ran hynny,' ychwanegodd wedyn, 'amarch ag unrhyw greadur tlawd fyddai anfon peth mor ddifrifol o sâl iddo . . . ond os wyt ti'n mynnu bod yn styfnig, er na wn i ar wyneb daear lawr i be', mi gei ei chadw hi, ond dallta hyn nad ydi hi ddim i aros yn y fan hyn i ledaenu hen heintia'. . . .'

Asgwrn y gynnen oedd sgarff werdd a melyn a brynodd glasefrydydd israddedig unwaith y cofrestrodd yng Ngholeg y Gogledd ddechrau Hydref 1954; a'i gwisgo gyda chryn falchder am rai blynyddoedd wedyn.

Choelia i fyth mai dyna'r peth cyntaf y credais i'w brynu ar gychwyn fy nhymor yno. Roedd gan ddyn ei flaenoriaethau wedi'r cwbl. Roedd bod yn feddiannol ar sgarff am fy ngwddf yn filwaith pwysicach na buddsoddi mewn hen lyfrau! Gwneud bi lein am siop Williams a Lewis, siop o safon yng ngwaelod y dre'. Ni chofiaf heddiw faint tlotach oeddwn i o'i phwrcasu ond mae rhyw gloch yn canu o bell rywle 'mod i'n amddifad o neintîn a lefn yn dilyn y masnachu brwd ac arwyddocaol hwnnw.

Roeddwn i'n gwsmar efo gobaith yn fflachio yn ei lygaid a thân yn llosgi yn ei fol wrth i ŵr y siop wenu'n dosturiol ar y bachgen am fod y 'farsiandïaeth ddilladog', os caniateir i mi adleisio Parry-Williams pan oedd yntau un tro ar drywydd nid cwbl annhebyg, – 'yn porthi rheibus falchder ac eiddigus uchelgais ieuenctid.' Gŵn ddu, fe gofir, oedd ei bryniant o.

Roedd yr werdd a melyn yn arwydd o berthyn i sefydliad tra arbennig, yn rhoi statws i'w pherchennog, yn chwyddo ei ego, yn ei osod yn greadur ar wahân, yn creu gagendor digon derbyniol yr oeddid ar y pryd yn ddigon ffôl a balch o'i arddel, rhyngddo a rhai bodau meidrol cyffredin eraill. Onid oedd ym Mangor y dwthwn hwnnw sefydliadau colegol eraill a roesai fod i system gast ddatblygu nad oedd yn yr India eang fras ei chaethach!

Mewn pedair blynedd bu i gymaint o brofiadau a delfrydau a chyffroadau ymgrynhoi yn lleng yng ngwead yr hen sgarff honno. Dyna'r faner a gâi ei chwifio wrth inni, ar bob cyfle, fynnu clod i'r hen goleg er dyrchafu ei enw uwchlaw pob enw arall a'r cyfan i gyfeiliant yr anthem fuddugoliaethus gâi ei chanu gennym gyda'r fath arddeliad –

> 'O holl golegau'r byd o'r bron
> Gŵyr pawb mai gwir yw hyn
> Mai'r coleg gorau yn y byd
> Yw'r Coleg ar y Bryn.'

Yn Ffair y Borth y'i bedyddiwyd hi, a bedydd tân oedd hwnnw. Hogiau'r Coleg Normal yn wrthwynebwyr stowt – ac nid gwrthwynebiad i'w ddiystyru oedd yr eiddynt hwy un amser; gelyn oesol, ond un i'w ofni, o leiaf un i'w barchu, canys ni ellid ar unrhyw gyfrif ei gymryd yn ganiataol. Dim hyd yn oed pan rythai'n fataliwn arnom o ochr arall galeri orlawn mewn ambell oedfa hwyr ar nos Suliau yng Nghapel Twr Gwyn; yr union elyn hefyd yr oedd yn rhaid ymlafnio'n galed yn ei erbyn am oruchafiaeth yn y gornestau blynyddol am Gwpan Woolworth ar faes Ffordd Farrar.

Un tro fe'i collwyd hi mewn eisteddfod ryng-golegol yn Abertawe. Rhyw greadur digywilydd ac anystywallt o Goleg Caerdydd wedi rhoi ei bump arni gyda'r bwriad o'i chipio'n ddiofryd ac, o'i anharddu wedyn, ei harddangos yn ei thrueni, yn gyff gwawd ar un o barwydydd ystafell eu Hundeb. Ond brwydrwyd i'w hadfer rhag tynged mor waradwyddus ac fe'i dychwelwyd i'w pherchennog ac i'w gwir a'i phriod ogoniant. Fe'i chwifiwyd gyda'r un afiaith a'r un angerdd wedyn wrth ymuno â'r cefnogwyr brwd yn ymrysonfeydd areithio'r colegau ar feysydd cad yn Llanbedr Pont Steffan a Chaerfyrddin a Chaerllion . . . ond amser a ballai.

Nid bod pawb yn gwirioni 'run fath, cofier. Mae'n wir, yng ngolwg Mam, mai fi oedd y myfyriwr disgleiriaf a dywyllodd ddrws Coleg Bangor erioed. O'r herwydd ni allwn wneud fawr ddim o'i le, ond roedd 'Nhad â'i draed ar y ddaear, yn onestach hwyrach ac yn barotach i fynegi barn ddiflewyn-ar-dafod er mwyn tynnu'r myfyriwr hollwybodol ryw beg neu ddau yn is –

'Be ydi'r fyfflar flêr 'na 'rwyt ti'n 'i gwisgo'n dragwyddol dywad? Dydi hi fel coban amdanat ti rownd y rîl. Petai hi'n mynd i hynny, fu dda gen i rioed mo hen liw melyn . . .,' a chan ychwanegu'n gellweirus, 'dydio'n hen liw sy'n atgoffa dyn o ryw hen lo pan fo'r sgôth arno!'

A llai na brwdfrydig oedd fy mhlant fy hun genhedlaeth yn ddiweddarach. Gyda threigliad y blynyddoedd, ac yn ôl trefn pethau, aethai'n amser iddynt hwythau fynd dros y nyth a throi am y colegau. Aberystwyth oedd dewis yr hynaf a chyda balchder tad addewais brynu sgarff iddi y diwrnod cyntaf y cychwynnai ar ei gyrfa yno. Er, waeth cyfadde'n ddistaw bach mai teimladau digon cymysg oedd gan ddyn o feddwl am gyflawni gweithred led fradwrus o'r fath hefyd. Prynu sgarff Coleg Aberystwyth o bob man! Onid oedd giang Bangor ers cyn co', a chyda llawer o gyfiawnhad, wedi bod yn dra dirmygus o goch a gwyrdd y Coleg ger y lli. Ddeugain mlynedd ynghynt nid oedd anwariaid gwaeth a mwy atgas yn bod, ddim hyd yn oed rhai'r Normal. Dyna geiliogod yr oedd dirfawr alw yn wastad am eu dofi a thorri eu hen gribau a rhoi mwsal arnynt i'w rhwystro rhag udo'r rhyfelgri drahaus honno.

'Breathe on them Aber' wrth iddynt herio y colegau eraill.

'Anadler arnynt Aber' wir, fel pe baent hwy myn brain i wedi eu geni'n freiniol ac yn etholedig nef. Eithr bu raid rhoi heibio fy hen, hen ragfarnau wrth wneud fy nghynnig hael.

'Dydw i ddim isio brifo dy deimlada' di, ond 'dydi petha fel yna ddim yn y ffasiwn erbyn hyn, 'sti.' Dyna ei hymateb hi, ond fe brynwyd un iddi ar waethaf pob protest er na welwyd mohoni yn ei gwisgo gymaint ag unwaith!

Roedd ei brawd, mi dybiwn ar y pryd beth bynnag, yn ddoethach. Bangor, ddwy flynedd yn ddiweddarach oedd ei ddewis ef ac yr oedd gobeithion dyn yn codi. Rhoddwyd yr un cynnig hael iddo yntau eithr yr un oedd yr ymateb, un hynod lugoer. Do, fe brynodd sgarff, o leiaf prynwyd un iddo. Fe'i gwisgodd ddwywaith ac yna fe'i collodd. Tybed ai damweiniol ai bwriadol fu hynny? Un peth sy'n sicr, na phoenwyd rhyw hylltod yn ei chylch wedyn. Aeth i golledigaeth heb i neb fynd i'r un drafferth i chwilio amdani. Yr un pryd, dôi'n fwyfwy amlwg i minnau fod yr hen bethau, yr hen arferion, wedi hen, hen fyned heibio ac nad oedd yr hen Goleg chwaith fel y buo fo amser maith yn ôl.

'Gad hi y flwyddyn hon eto . . .,' dyna'r ble a offrymwyd ar ei rhan pan gafodd gwraig y tŷ acw ei ffit glirio ddiweddaraf un. O'm gweld yn anwesu'r hen sgarff mor garuaidd, fe dosturiodd hithau ac fe 'i harbedwyd unwaith yn rhagor er mai cael a chael fu hi. Roedd amodau'r cadw y tro hwnnw yn rhai eithriadol lym, 'mod i, o bawb, yr un fu â chymaint o feddwl ohoni, yn ei diraddio druan fel petai'n ysgymunbeth ac yn ei halltudio o bob cwpwrdd dillad, ei diarddel o bob drôr, ei phlygu a'i phacio mewn cwdyn plastig, stwffio hwnnw i gwdyn tebyg – y cyfan rhag llychwino ohoni 'run cerpyn arall byth bythoedd – a'i bwrw wedyn yn gwmni i bryfaid cop mewn hen gist de lychlyd sy'n prysur lenwi efo taclau dirmygedig a diarddeledig o'u bath mewn cornel dywyll o'r daflod acw. Dim ond i aros eu hamser . . .

Rhyw ryfedd ddydd a ddaw, a does dim sicrach na ddaw hi i hynny, adeg y Chwalfa Fawr, fe ddeuir o hyd iddi eto. Brawd a chwaer yn chwys ac yn llafur o bosib, rôl treulio dyddiau yn chwynnu ac yn chwalu, yn dewis ac yn dethol, yn ceisio penderfynu beth i'w gadw a beth i'w fwrw o'r neilltu, a'r chwaer hwyrach yn galw ar ei brawd fydd yn ffowla mewn rhan arall o'r tŷ – 'Edrych beth sydd wedi dod i'r fei yn fan 'ma, hen sgarff coleg oedd gan Dad. Beth barodd iddo'i chadw hi yn y fan hyn, tybed? Rhyfadd na fasa fo wedi cael gwarad â hi ers blynyddoedd yntê? . . .'

Fydda i ddim ar gael i ddweud, ' nid rhyfedd o gwbl, 'ngenath i. Taet ti ond yn gwybod faint o feddwl oedd gin dy Dad ohoni. Fe fu ynta'n ifanc unwaith cofia . . .'

Ar yr awr dywyll honno, ni fydd neb i drugarhau. Fydd 'na'r un ymwared bryd hynny canys bydd y sgip yn aros yn eiddgar amdani ar ymyl y lôn.

O EDRYCH DRWY'R FFENEST

Glyn Roberts, cadeirydd cydwybodol Panel Golygyddol *Yr Wylan*, ein papur bro yn Nyffryn Madog, cyn-ddisgybl hefyd gyda llaw, a'm gorfododd i lunio rhywbeth ar gyfer y rhifyn pan ddigwyddai ef fod yn olygydd y mis. Bu adeg gynt pan oedd o'n gorfod ufuddhau i mi ond â'r wialen erbyn hynny wedi hen dyfu'n ffon rwy'n ofni mai fi, yn wylaidd ac ofnus, oedd yn gorfod ufuddhau iddo ef!

Pa bwnc gwell i draethu arno, meddyliais, na gwylio adar. Nid fy mod am gystadlu â chyn-ddisgybl arall chwaith, Elfyn Lewis, sy'n arbenigwr yn y maes ac sy'n cyfrannu erthyglau achlysurol gwybodus a gwerthfawr i'r un papur ar yr union bwnc hwnnw.

Nid na fûm i'n astudio 'adar' ers rhai blynyddoedd, cofier, er mai math go wahanol oedd y rheini fel rheol, sef adar brithion Gogledd Môn, y cymeriadau y daethai dyn ar eu traws hwnt ac yma yn ystod ei ieuenctid.

Adar go iawn sydd dan sylw y tro hwn, fodd bynnag, y math pluog felly, er mai gwyliwr adar cadair freichiau ydwyf fi ym Mhorth-y-gest acw mae arna' i ofn, neu'n wir gwyliwr adar yn llythrennol o'i wely bron! Does dim angen i mi ei helcyd hi allan ym mhob tywydd fel pob adarwr gwerth ei halen i chwilio amdanynt. Yn wir, bron na thaerwn mai nhw sy'n dod i chwilio amdanaf fi a'u bod, yn y fargen, yn fy nghael yn sbesimen digon od i'w astudio hefyd! Ond prysuraf i egluro.

Yn ystod y blynyddoedd diwethaf hyn, oherwydd bod rhyw lifddorau rywle wedi blocio, bu i'r cae sydd union gyferbyn â'r tŷ acw droi yn hynod wlyb. Lle gynt yr oedd gweirglodd digon ir, man hefyd yn ei ddydd y cynhaliwyd ymrysonfeydd pêl droed ffyrnig rhwng hogiau'r Borth a'i gilydd, mae heddiw gors, gyda'r rhan helaethaf ohoni, yn arbennig yn ystod misoedd y gaeaf, o'r golwg dan ddŵr. Yr un pryd, fe ddatblygodd yn gynefin hwylus i'r amrywiaeth ryfeddaf o fywyd gwyllt.

Afraid nodi fod y piod powld, y gwylanod barus, y brain haerllug, fel y tlodion efo ni bob amser, ond bellach mae'n fan sydd wedi datblygu'n nefoedd fach i bob mathau o adar y gwlyptir.

Nid yn annisgwyl, yr hwyaid gwylltion yw'r mwyafrif. O edrych drwy'r ffenest un bore o Dachwedd, gallwn gyfri o leiaf ddeg a phedwar ugain ohonynt. O fewn llai na thafliad carreg i'r drws acw yr oeddynt yn ffowla, yn straella, yn taeru ac yn cadw pob mathau o reiat. Buont wrthi drwy gydol hir y dydd ac am y rhan helaethaf o'r nos gan ein cadw ninnau ar ddi-hun yn sgil yr holl ddwndwr. A gwae ni wedyn ar dywydd gwlyb. Ar yr adegau hynny, bydd pethau'n saith seithgwaith gwaeth! Difyr yw eu gwylio'n mynd ac yn dod, yn codi ar adain neu'n disgyn yn stwrllyd ar wyneb y dŵr. A phan ddônt â'u cywion i'w canlyn yn y gwanwyn, ceir gwarant sicr i godi calon y creadur mwyaf penisel. Buasai'n faes toreithiog i ddawn dyn petawn i, dyweder, yn arlunydd o alluoedd Peter Scott yn Slimbridge neu Charles Tunnicliffe ym Malltraeth – neu petawn i'n ffotograffydd o galibr Ted Breeze.

Mae'r crëyr glas yntau yn ymwelydd eithaf cyson, ei osgo'n flêr a'i gerddediad yn drwsgl a lletchwith ac eithrio pan yw, ar ôl hir sefyllian ar untroed oediog, yn llwyddo i fachu ei sliwen neu ei silidon a'i draflyncu gyda blas. Bryd hynny bydd wedi ei weddnewid yn llwyr, yn effro hyderus ac yn chwimwth ei symudiad. Yn wir, treuliodd crëyr bach copog, yn ei glaerwyn, rai dyddiau efo ni dro'n ôl. I mi, er nad o bosib i'r arbenigwr yn y maes, roedd hynny'n dipyn o ryfeddod. Daw ambell geiliog ffesant wedyn i dderbyn briwsion gen i a'u pigo bron yn llythrennol o gledr fy llaw. A gwae ni pan fo'r gwyddau Canada yn disgyn yn wancus arnom. Bydd eu clegar yn fyddardod am oriau lawer.

Ganmil hyfrytach yw cri'r gylfinir – ac nid yw'r gïach chwaith yn brin o alw heibio ar dro er ei bod hi yn greadures hynod nerfus a swil ac yn dra ansicr o'i chroeso. Yna, wedi iddi nosi, clywir 'Lladin lleddf' a thŵ whit, tw hŵ y tylluanod sy'n clwydo yn y coed derw.

I goroni'r cwbl, a dyna'n ddiddadl binacl fy ngyrfa fer hyd yma fel adaregwr, fe sbotiais ar fore braf ddechrau Chwefror, a hynny am y tro cyntaf erioed yn fy hanes, Las y Dorlan yn gwibio heibio. Y fath wefr oedd honno er mai byrhoedlog eithriadol fu'r profiad. Digwyddodd a darfu mewn mater o ychydig eiliadau. Petawn i ond wedi'm geni'n fardd, meddyliais, wedi'm hurtio braidd. Ond doedd dim raid pryderu canys roedd y diweddar hen gyfaill, y Parch Trebor Roberts, cyn-weinidog Eglwys Coffa (A) Porthmadog wedi crisialu'r union brofiad yn ei englyn campus –

> 'Rhyfeddais, sefais yn syn i'w wylio
> Rhwng yr helyg melyn;
> Yna'r lliw yn croesi'r llyn;
> Oedais, ond ni ddaeth wedyn.'

Ni ddaeth y profiad i minnau wedyn chwaith. Roedd yn rhaid i'r unwaith hwnnw fod am byth yn ddigon.

Ond beth am enghreifftiau eraill o fywyd gwyllt sydd i'w gweld yng nghae'r Efail? Afraid dweud bod y wiwer lwyd yn bla. Gwelir ambell lygoden ddŵr wedyn yn brathu'i phen rhwng y twmpathau brwyn ac yn stwyrian ar dorlannau'r ffosydd. Daw'r hen lwynog yn ddigon eofn a heriol i osod 'dwy sefydlog fflam ei lygaid arnom' ambell fore wrth iddo, ar derfyn yr helfa nos, a heb na 'brys na braw' ei gwneud hi'n hamddenol yn ôl i'w wâl ar lethrau'r Foel. Gwelwyd hyd yn oed gorff dyfrgi, a oedd wedi ei daro gan fodur, ar ochr y ffordd islaw Bryn Eirian lai na thri mis yn ôl. Profai hynny o leiaf fod y dyfrgi yntau yn dychwelyd i'r ardal ac y mae mawr groeso iddo.

Eithr rhyfeddod y rhyfeddodau, ar fy ngwir, wrth fynd â'r ci am dro ychydig nosweithiau yn ôl, oedd gweld dwy ffuret o bob dim yn dod yn dalog i'n cyfarfod rhwng Ceunant a Bryn Gauallt. Ac y mae'n gas gen i bob ffuret. Rwy'n eu casàu â chas perffaith (a chymryd y gellir ystyried unrhyw gasineb yn berffaith felly!).

Dyn a ŵyr o ble y daethant nac i ble yr oedd y diawliaid bach drwg yn ceisio mynd. Un peth wn i, fod y profiad wedi rhoi cryn ysgytwad i ddyn, wedi gyrru hen iasau oerion i lawr ei feingefn. Doedd o fawr o gysur cofio chwaith fod rhai o gymeriadau chwedlonol yr Hen Fyd, o bryd i'w gilydd, yn gallu ymrithio ar ffurf bob mathau o greaduriaid rhyfedd ac ofnadwy er rhoi eu cynlluniau ystrywgar a dieflig ar waith. A oedd yr un peth yn digwydd y noson honno, tybed? A thybed a oedd gennym ni i lawr ym mhentref Borth-y-gest achos i bryderu yn ei gylch? Wedi'r cwbl, roeddem ar drothwy Calan Gaeaf.

Ond wedi dweud hynny – o eithrio ambell ddigwyddiad diflas o'r fath – rwy'n dal i daeru fod y teras acw wedi datblygu'n fan delfrydol i astudio bywyd gwyllt. Hir y parhao ambell amaethwr i gael cymorthdaliadau hael gan y llywodraeth am adael i'w dir aros heb ei drin na'i ddiwyllio. Dim ond iddo sicrhau nad oes yr un hen dresmaswr o hen ffuret, ar beryg o gael ei saethu'n gelain gorn gegoer yn y fan a'r lle – yn meiddio dod yn agos!

Nam, un bychan hwyrach yng ngolwg rhai, er un llawer mwy yn fy ngolwg i, ar arfogaeth yr Hollalluog, fu iddo rioed feddwl am greu yr un ffuret! Wn i ar y ddaear fawr be ddaeth drosto!

Er, o feddwl, mae pawb, decini, yn y pen draw yn siŵr o fod isio byw!

Y TRISTWCH HWN

Rwyf newydd fod yn pori yn un o gynhyrchion buddugol Eisteddfod Genedlaethol Penbedw 1917. Steddfod drist oedd honno, fel y cofier, 'steddfod cadair wag mab yr Ysgwrn, Trawsfynydd, eithr llafn o oleuni yn llewyrchu drwy'r mwrllwch hwnnw oedd buddugoliaeth y Parchedig T. Mardy Rees F.R.Hist.S., Castell-nedd (o roi iddo ei deitlau llawn), yn y gystadleuaeth llunio traethawd ar *Hiwmor Y Cymro*, gwaith a gyhoeddwyd yn gyfrol gan Hughes a'i Fab yn 1922.

Nid y buasai dyn yn cael pyliau aflywodraethus o ysgwyd chwerthin nes bod ei ochrau'n brifo o'i ddarllen, ac ni allwn chwaith gytuno gant y cant â sylwadau'r awdur yn ei bwt o Ragair. Dyma ei frawddeg agoriadol – *Credwn fod y Cymro lawned o hiwmor ag ydyw ŵy eos o gân*, gan fynd rhagddo i ychwanegu nad oedd angen i'r Cymro fynd i'r Amerig, na'r un wlad arall, i chwilio am hiwmor gan fod cyflawnder ohono yn ei ymyl, ie ynddo ef ei hun, dim ond iddo gael cyfle i roi mynegiant i'r hiwmor hwnnw.

Sy'n ddweud go fawr. Yn bersonol, mae gen i f'amheuon, canys gwyddys yn burion y gall hyd yn oed yr eos ori ar ambell ŵy clonc weithiau.

Yr hyn a wnaeth y Parch T. Mardy Rees F.R.Hist.S. yn ei gynnyrch arobryn oedd bwrw golwg dros holl rychwant llenyddiaeth Gymraeg er nodi'r enghreifftiau o hiwmor a geir ynddi, a chan gychwyn gyda'r beirdd.

Daw hiwmor y bardd i'r golwg yn fore iawn, tystia, *oblegid cyn dyfod Iŵl Cesar yma yr oedd hiwmor yn ddiddanwch y Derwydd yn Nheml y Dail,* ond heb ddwyn adnod na phennod i brofi ei bwynt chwaith a chyn mynd ati wedyn, yn frwd iawn, i roddi enghreifftiau o ysgafnder honedig yng ngweithiau y Cynfeirdd, y Clerwyr, Beirdd yr Uchelwyr hyd at Ddafydd ap Gwilym, ac wedyn drachefn hyd at feirdd y bedwaredd ganrif ar bymtheg. Nid oes ofod i ddyfynnu, ond gwir fyddai datgan mai cyffwrdd y llinynnau rheini sy'n codi gwên a wneir yn hytrach nag undim sy'n ysgytwol ddigri. Mae'n wir hefyd nad yw mor danbaid ei sêl wrth droi at ryddiaith Gymraeg; gofidio wna mai prinnach, mewn cymhariaeth, yw awduron rhyddiaith ddigri. Er hynny, myn nodi enghreifftiau o ysgafnder a geir o bryd i'w gilydd yn y Mabinogion, yn nychan miniog Ellis Wynne, yn llythyrau Goronwy Ddu, yn hiwmor boneddigaidd Emrys, ac yn neilltuol felly, yng ngweithiau Daniel Owen.

I T. Mardy Rees a'i siort roedd y sefyllfa'n un ddigon iach a derbyniol. Ond erbyn heddiw diau yr haerai rhai o'n plith mai brid hynod brin, yn ôl y dystiolaeth, ydyw'r digrifwyr ymysg beirdd a llenorion y Gymru sydd ohoni. Clywir rhefru tragwyddol bod awduron comedïau sefyllfa ar gyfer S4C, fel enghraifft, yn brinnach nag aur, onid yn wir yn brinnach na'r un panda, yn rhywogaeth, oni chaiff ei gwarchod a'i hamddiffyn yn od o dyner a gofalus y mae peryg iddi ddiflannu'n llwyr oddi ar wyneb ein daear; a ninnau'r un pryd yn agored i gael ein hystyried yn genedl fach sychsyber yng ngolwg yr holl fyd. Ond fe ddown at y beirdd a'r llenorion yn y man.

Rhyfyg hwyarch mewn ysgrif fel hon fyddai i ddyn hyd yn oed feddwl am gynnig esboniad o'r peth nac i fynd at wraidd y broblem. Goddefer er hynny rai sylwadau ar y mater. Y ffaith amdani yw ein bod yn tueddu i fod yn bur ddicra wrth drafod y pwnc. Gydag eithriadau, fu hiwmor ddim yn rhan bwysig o'n cynhysgaeth. Ymddengys fod ysmaldod yn ein golwg yn rhywbeth llawer rhy ddifrifol i gael hwyl am ei ben!

Cymerer y byd adloniant. Un o'r rhaglenni sy'n sgorio'n uchel ar siartiau ffigurau gwylio ein sianel genedlaethol yn gyson yw'r Noson Lawen pan welir cynulleidfaoedd yn eistedd yn stoicaidd ar fyrnau gwellt mewn siediau gwair drafftiog yn rhywle neu'i gilydd i gyfranogi o adloniant sydd, yn amlach na pheidio, yn medru bod yn un pur ansoffistigedig, y 'difyrrwch', os dyna'r gair, gwerinol hwnnw sy'n rhan o'r traddodiad Cymraeg ers nifer o flynyddoedd.

Ond cyn bod S4C, hyd yn oed, roedd y Noson Lawen yn fyw, er na wn i ddim pa mor iach chwaith. Yn wir, cofiaf i mi mewn ryw druth dros chwarter canrif yn ôl bellach fwrw amheuon ar y peth a chan holi pa mor llawen mewn gwirionedd oedd llawenydd Nosweithiau Llawen y cyfnod. Cawswn flas digon od ar un ohonynt.

Roedd hi i fod yn noson arbennig am fod llawer o'r gynnau mawr wedi troi allan i'n difyrru ac fe drawyd y cywair priodol yn syth pan ddaeth enillydd cenedlaethol ymlaen i gyflwyno *Beth yw'r haf i mi?*

Yr oedd ei datganiad yn un mor wefreiddiol fel y caed bonllefau croch yn syth am encôr iddi. Mwy ysgytiol fyth ei hail ddatganiad –

> *Pererin wyf mewn anial dir,*
> *Yn crwydro yma a thraw . . .*

ac mor dda oedd ganddi gyhoeddi'n heriol yn yr ail bennill ei bod –

> *Wedi gorchfygu a mynd trwy*
> *Dymhestloedd dŵr a thân.*

Bron na thynnwyd y tŷ i lawr am yr eilwaith gan y gymeradwyaeth gwbl fyddarol ac nid anghofiwyd chwaith gydnabod camp ryw Fistar Wilias o Bantycelyn am gyfansoddi geiriau mor addas ar gyfer yr achlysur.

Yr oedd arabedd arweinydd y noson yn troi o gwmpas tai bach, dillad isa' merched, yn arbennig eu nicars, mamau-yng-nghyfraith a'u tebyg, ac yr oedd ambell jôc arall o'i eiddo wedi hen, hen lwydo. Er hynny yr oedd edrych ymlaen eiddgar at yr eitem nesaf ar y rhaglen sef datganiad gan ryw drwbadŵr ifanc o'r enw Dafydd Iwan, os cofia' i'n iawn. Roeddem wedi clywed amdano'n llenwi neuaddau ledled yr henwlad a bod darogan dyfodol digon addawol iddo, er mai siom enfawr i ni oll oedd fod y creadur truan wedi cael dôs egar o annwyd a oedd ar fin troi'n fronceitus arno ac, er iddo ddyfal doncio'n gryglyd efo:

> *Mae'r esgid fach yn gwasgu*
> *Mewn man nas gwyddoch chi*
> *A llawer gofid meddwl*
> *Sy'n torri 'nghalon i . . .*

bu raid i'r hen slâf bach roi'r gitâr yn y to cyn dechrau'r trydydd pennill; ond roedd yn haeddu o leiaf hanner y marciau am ymdrech mor arwrol, eithr digon methiannus oedd o yn ei eitem yn ystod ail ran y noson yn ogystal, wrth iddo ymgodymu'n floesg a digon ofer â nodau uchaf cân o'i record ddiweddaraf –

> *Mae hen, hen ddagrau*
> *Yn dal i losgi 'ngruddiau*
> *A hen, hen hiraeth yn y gwynt . . .*

Bu iddo dorri i lawr o dan deimlad dwys ymhell cyn y diwedd ond, o fawr drugaredd, daeth Hogiau'r Wyddfa, bendith ar eu pennau annwyl, i sefyll yn y bwlch. Chlywyd mo'r geiriau –

> *Mi wellaf pan ddaw'r gwanwyn:*
> *Bu'r gaeaf 'ma'n un mor hir . . .*

erioed yn cael eu canu gyda'r fath arddeliad, a phell o fod yn sych oedd ein gruddiau un ac oll wrth i'r – *gog ganu yng Nghoed y Ffridd* a ninnau'n clywed *yr arch yn crafu'r pridd*.

Encôr, afraid ychwanegu, iddynt hwythau ac yna fe fanteisiodd yr Hogiau ar y cyfle i gydymdeimlo â ryw lanc ifanc o Lŷn a oedd wedi colli ei gariad –

> *Yr Angau a wywodd y rhos ar ei gwedd ,*
> *A gwyn ydoedd gynau bythynwyr y bedd . . .*

Llawenydd, er nad syndod o gwbl chwaith, oedd fod y bytholwyrdd Tony ac Aloma wedi ein hanrhydeddu â'u presenoldeb. Caed dwy eitem ganddynt hwythau. Cawsom ennyd o fflyrtio digon diniwed yng nghaffi Pat a Janet ac Elsi a Glen, cyn iddynt ein sobri gorff ac enaid gan y cwestiwn –

> *Wedi colli rhywun sy'n annwyl*
> *Y cwestiwn gan bawb ydyw pam . . . ?*

Digon i beri i'r ledi glustdlysog a eisteddai wrth fy ochr ollwng ochenaid o eigion ei bod cyn datgan 'mi fydda i'n teimlo fel crïo lond 'y mol bob tro y bydda' i'n clywad honna.' A dyna wnaeth hi hefyd – wylo'n chwerw dost! Roedd ei hanallu llwyr i reoli ei theimladau yn ymylu ar fod yn embaras.

Diolch yr oeddwn fod Jac a Wil, deuawd dra chymeradwy arall, wedi achub y sefyllfa ac wedi dilyn i godi rhyw gymaint ar ein calonnau. O'r gorau, fynnwn i ddim gwadu nad oeddynt yn slyrio rhyw gymaint a'u bod yn dechrau mynd i oed, ond yn wir ac yn wir y mae –

> *O! dwed wrth Mam fy mod*
> *Am ddilyn ôl ei thro'd . . .*

yn atseinio ar fy nghlustiau o hyd.

Yn uchafbwynt gogoneddus i noson 'lawen' wir gofiadwy, caed eitemau clo gan Gôr Meibion y Corwynt. Y gyntaf oedd –

> *Ar lan Iorddonen ddofn*
> *'Rwy'n oedi'n nychlyd,*
> *Mewn blys mynd trwy, ac ofn*
> *Ei stormydd enbyd . . .*

A honno'n cael ei dilyn gan 'Adenydd colomen pe cawn . . .' (Rhif 389 yn Llyfr Emynau a Thonau'r Methodistiaid Calfinaidd, fel y cofiwn yn dda). A'r fath iasau a yrrai i lawr y meingefn wrth iddynt forio drwy'r ail bennill –

> *'Rwy'n tynnu tuag ochor y dŵr,*
> *Bron gadael yr anial yn lân . . .*

cyn gorffen ar dinc hyfryd o fendigedig gyda geiriau Morgan Rhys i gyfeiliant *Aberystwyth* –

> *Beth sydd imi yn y byd?*
> *Gorthrymderau mawr o hyd . . .*

O! Mam fach. Sôn am Noson Lawen a'r fath lawenydd ag ydoedd!

Ond mae deng mlynedd ar hugain ers hynny meddir, siawns nad yw pethau wedi newid erbyn dechrau canrif newydd? Dim peryg yn y byd! Mae'r pruddglwyf yn aros i lawn cymaint, onid i fwy graddau.

Fel un a wreiddiwyd yng ngwirioneddau mawr y Rhodd Mam, fe ddysgais yn gynnar fod uffern yn lle o boen i gosbi pechod. O ofyn i mi heddiw, fodd bynnag, sut le ydyw ni allwn feddwl am waeth cosbedigaeth na phetai dyn yn cael ei orfodi am dragwyddoldeb i wrando ar un o ddeuawdau mwyaf poblogaidd Cymru yn pyncio'n ddolefus ddibaid ambell fyrdwn fel –

> *Chwarelwr ydwyf fi*
> *A dyna yw fy nghri*
> *Y caf i unwaith eto*
> *Weld yn haul . . .*

Ni allaf feddwl am brofiad mwy hunllefus, am gystudd mwy blin.

Cafodd y genedl ei 'difyrru' gan eitemau o blith y canlynol am ddwy awr hir rhwng deg a hanner nos un nos Sul lai na mis yn ôl. Gaenor Haf yn rhoi cychwyn i'r diwn gron drwy gyflwyno 'Dagrau Ddoe', a'r dagrau doe rheini yn arwain at ddagrau heddiw, dagrau fory, dagrau byth ac yn dragywydd ar Radio Cymru! Pafaroti Llanbed wedyn, er ei holl berseinedd, yn colli ei ddagrau yntau, 'Dagrau Hiraeth' a'r derbyniol Bryn Fôn efo'i 'Lythyrau Tyddyn y Gaseg', fel na allech weld dim ond cyrff y meirwon o'ch cwmpas ymhobman; ac yna, cyflwynwyd y *top of the bill*, yr hen strymiwr o Solfach a ddaeth ymlaen i'n siriol gysuro efo'i gân fach lon –

> *Creulon ydi'r gwenu, finnau'n dechrau synnu,*
> *Ac oer yw cannwyll cariad, marw'r fflamau,*
> *Sgrech y brain mewn coron ddrain*
> *Fy nghariad a fy ffrind*
> *Wyt ti'n meddwl fod e wedi darfod*
> *Wyt ti'n meddwl fod e wedi mynd . . .?*

Ac roedd llais yr hen batriarch annwyl yn cracio dan y straen wrth feddwl am y cariad oedd wedi oeri –

> *Cyllell drwy'r galon yw hiraeth,*
> *Pladur drwy wenith yr enaid . . .*

ac yn y blaen ac yn y blaen. Duw a'n helpo! Na, doedd pethau wedi newid dim. Caed popeth am wn i ond yr emyn angladdol –

> *O fryniau Caersalem ceir gweled*
> *Holl daith yr anialwch i gyd . . .*

A dyna'n crefydda wedyn. Peth tra dieithr ym mhrofiad y rhelyw ohonom, mae'n ddiamau, yw cael pwl o chwerthin mewn oedfa; am ein bod, mae'n debyg, wedi'n cyflyru erioed i gredu fod ymddygiad o'r fath yn gwbl anghydnaws â'r Efengyl. Ond pan geir pwl o'r fath mae'n anodd sadio wedyn. Yn amlach na pheidio nid yw'r digwyddiad sy'n achosi'r chwerthin yn un hynod ddigri ynddo'i hun, ni sydd yn sylweddoli y dylem ymddwyn yn fwy gweddaidd ar yr achlysur, o gofio ple'r ydym, a difrifoldeb y sefyllfa.

Coffa da amdanom yn Ebeneser acw un pnawn Sul trymaidd a'r gwasanaeth ar fin dechrau, pan ruthrodd homar o gi *Dalmatian* o waed coch cyfan i mewn drwy'r drws agored. Fe galpiodd i lawr yr ale yn syth i'r Sêt Fawr gan neidio ar lin un o'r blaenoriaid yn y fan honno gan ddechrau llyfu ei wyneb yn dra chariadus! Da bod y Parch Harri Parri yn y pulpud canys fe achubodd ef y sefyllfa drwy droi at y blaenor i ddatgan – 'Wel wir, cyfrwch eich bendithion mai eich llyfu chi y mae o. Fe fyddai eu herlidwyr yn hysio cŵn rheibus ar ôl y Tadau Methodistaidd cynnar!'

Yn piffian drwy gydol gweddill yr oedfa honno, rwy'n ofni, y bûm i.

Dyna'r tro arall hwnnw pan sleifiodd dwy chwaer led oedrannus i un o'r seti cefn, eto acw yn Ebeneser, dwy fusutor ar wyliau yn 'Wales' a'r ddwy yn awyddus i gael blasu tipyn o *Welsh hymn singing at its very best* chwedl nhwytha. Nid ein bod ni, y ddiadell fechan fel rydym, yn byncwyr od o soniarus chwaith!

Emlyn Jones, y pen blaenor, oedd Llywydd y mis, ac fel un oedd yn effro iawn i'w gyfrifoldeb, barnodd y byddai'n beth tra gweddus inni gyd ganu un emyn Saesneg, *for the benefit of our English friends*, fel petai.

Nawr, yr oedd meddwl ei bethau'n drefnus ymlaen llaw wedi bod yn gwbl estronol i grefft y diweddar, annwyl (erbyn hyn), Emlyn Jones erioed. Arall oedd ei gryfderau ef ac fe gydiodd yn ei lyfr emynau gan droi i'r adran Saesneg a dechrau ledio, gyda chryn arddeliad, yr emyn cyntaf y trawodd ei lygaid arno –

> 'Hymn nymbar twenti will do my friends,'
> *God bless these hands united;*
> *God bless these hearts made one:*
> *Unsevered and unblighted*
> *May they through life go on . . .!*

Ninnau, ar brynhawn trymaidd o Fehefin, yn ei morio hi drwy emyn priodas er budd ac er lles dwy hen ferch gysetlyd a eisteddai ar un o'r seti cefn. Hwyrach fod gen i synnwyr digrifwch od ond sobrais i ddim am oriau.

Rhyw ambell dro trwstan fel yna sy'n dod â gwên fel rheol.

Digon prin, rhyfeddol brin rwy'n ofni, yw'r hiwmor bwriadol a ddaw o'r pulpud ac o'r Sêt Fawr yn hyn o fyd.

Ar ein traddodiad anghydffurfiol o bosib y gosodir y bai am hynny, er mai tecach hwyrach fuasai galw ar un o golofnau'r traddodiad hyglod hwnnw, yn benodol felly, i gyfrif, sef y Cyrnol a'r Parchedig Ddoctor o Frynsiencyn. Dyna ŵr sydd bellach yn cael y bai am bron bopeth a siawns ei fod yn ddigon 'tebol i'w enw gael ei lusgo trwy'r baw yn yr achos hwn yn ogystal. O leiaf ymddengys fod ei ddylanwad yn dal yn fyw iawn yn y tir.

Fe gofir iddo ef yn ei ddydd greu hinsawdd oedd yn ddrwgdybus iawn o ysgafnder mewn pregeth beth bynnag. Mewn anerchiad ar bregethu i fyfyrwyr Coleg y Bala un tro, fe danlinellodd bwysigrwydd cael amrywiaeth mewn pregeth, o gael iaith dda a chyfoethog mewn pregeth, o gael hyn a'r llall ac arall mewn pregeth. Yn bwysicach na dim, anogodd ei wrandawyr ifanc i ochel rhag gwrando ar gri'r oes am bregethu syml, ac yn bennaf galwodd arnynt i ymgroesi rhag unrhyw fath o ysgafnder yn y pulpud. 'Dyma un o feiau mawr y dyddiau hyn, ' sylwodd, 'ac yr wyf yn ofni fod y pla ar gynnydd. Un o'r golygfeydd mwyaf trist heddiw yw gweld ambell bregethwr yn troi yn glown . . . '

Nid, a bod yn gwbl deg, bod pob un o bregethwyr Gwalia Wen, cyn, nac ar ôl cyfnod 'Brynsiencyn', wedi cofleidio heresi mor beryglus chwaith. Yn wir, nid oes bennod fwy difyr na honno sy'n trafod hiwmor y pulpud, er gwaethaf tueddiadau Cyfarfodydd Misol a phwyllgorau enwadol i geisio'i rwystro. Cynghorwyd yr hen seraff Dafydd Rolant, fel enghraifft, un tro, i beidio â dweud dim a barai i'w gynulleidfa chwerthin. 'Gwell i mi beidio â dweud dim felly,' oedd ei ateb parod yntau. A pharch tragwyddol iddo am hynny.

Roedd yr elfen chwareus yr un pryd yn nodweddu dynion trymion fel y Doctor Lewis Edwards. Er disgleiried oedd ef fel sglaig, ei naturioldeb oedd un o'i rasusau mwyaf achubol, a hynny a barodd i'r hen wraig honno, wedi clywed ohoni un o fyfyrwyr

Coleg y Bala yn traethu un bore, dystio ei bod hi wir ' yn dallt y Doctor yn well'.

A dyna'r hen bregethwr cloff Rhys Davies, y Glun Bren fel y'i hadwaenid. Brawddeg gyntaf un o'i bregethau ef oedd – *'Dear Friends, I dare say you have seen many preachers with wooden heads but this may be the first time you've seen one with a wooden leg.'*

Trueni na chaed mwy o rai tebyg iddynt oblegid does dim dwywaith na fyddai ysbryd o'r fath wedi bod yn gymorth i roi terfyn ar lawer o'n hymgecru crefyddol; ac nid yw dyn wedi cyfeirio o gwbl at ffraethineb yr Arglwydd Iesu ei hun. Fe geir sawl enghraifft o'i hiwmor gogleisiol Ef yn y Testament Newydd.

Ond rwy'n dal i ofni fod gormod o ddisgyblion y Cyrnol a'r Parchedig Ddoctor yn aros yn ein plith o hyd. Mae'r llawenydd wedi hen ddiflannu o bob agwedd o'n crefydda. Dim ond marweidd-dra sy'n aros. Rydym bawb – o'r sêt gefn i'r Sêt Fawr – fel pe baem yn mynnu ymdrybaeddu mewn pruddglwyf, yn cael blas ar fod yn broffwydi gwae, ar fod â'n pennau yn ein plu, yn rhemp o besimistaidd.

Diau y cyhuddir awdur ysgrif fach fel hon o wamalu arwynebol – ac nid wyf am wadu na fyddai peth sail i'r honiad! – eto daw dirfawr gysur o gofio geiriau ryw hen fardd anhysbys, anhysbys i mi beth bynnag –

> *Rhaid i ni rywbryd newid*
> *Dynol ŵg, neu fod dan lid;*
> *Yn canu nid oes un Sant*
> *Â gŵg yn y gogoniant.*
> *Yn nifyr wên Jehofa y gwenwn oll*
> *Ac ni wna wyneb trist gan neb y tro.*

Yn y gwynfyd felly fe fydd digon o sbort, ond pam, neno'r mawredd, na chawn ni ddogn bach ohono yn ein crefydda bob dydd yma ar y ddaear?

Fe ategwyd hyn oll gan Tecwyn Lloyd unwaith eto yn un o'i ysgrifau portread – 'Ein diffyg hiwmor,' meddai, 'yw un o'r diffygion mwyaf taeog a dreng a etifeddwyd gennym o ddyddiau Piwritanaidd y bedwaredd ganrif ar bymtheg. Fy hunan, rwy'n siŵr mai Duw go sâl yw hwnnw na fedr oddef jôc a thipyn o hwyl am ei ben ei hun.' Mor wir! Mae trachwant am y trist a'r trasig fel pe bai'n ein meddiannu'n wastadol.

Dychwelwn, cyn gorffen, at ein beirdd a'n llenorion. Oni fyddai'n ddymunol petai ambell fardd neu lenor o'n plith yn gweld ei ffordd yn glir, dim ond unwaith yn y pedwar amser – ni chredir bod hynny'n gofyn gormod – i fod yn fymryn o glown weithiau. Dim ond iddo'r un pryd wrth gwrs ystyried y peryglon, oblegid mae'n ffaith y gallai cymryd cam rhyfygus o'r fath fod yn un andwyol iawn i'w ddatblygiad. Câi ei ddrwgdybio'n syth bin. Allai o byth godi ei ben wedyn. Fe fyddai wedi ei farcio; byddai doethion llên yn twt twtian yn nawddoglyd ac yn ei anwybyddu fel petai'r gwahanglwyf arno, rhag eu llychwino hwythau â'r un gwendid.

Pan oedd W. S. Jones yn dathlu carreg filltir go nodedig dro yn ôl, fe gaed erthygl yn *Theatr* gan Alun Ffred Jones i nodi'r achlysur. Wrth gloriannu cynnyrch y dramodydd hynaws mynnodd, â'i dafod yn ei foch, roi cyngor amserol i'r sawl a fyn barch yn y byd llenyddol yn y wlad fach hon –

'Byddwch syber,' rhybuddiodd, ' gall gwamalu fod yn ffetal . . . ysgrifennwch yn ddoeth a choeth am annichonolrwydd angau a phethau o'r fath . . . fe gymerir sylw ohonoch chi wedyn.'

Grŵp o bobl y bu ganddynt ragfarnau go bendant yn erbyn unrhyw fath o ysgafnder mewn llenyddiaeth oedd aelodau Gorsedd Beirdd Ynys Môn. Yn eu garddwest flynyddol a gynhaliwyd yn Llanfachraeth yng Ngorffennaf 1963, buont wrthi am brynhawn cyfan yn trafod y mater.

Roedd y Goron yn Eisteddfod Môn, Pentraeth, rai wythnosau ynghynt wedi ei hennill gan y diweddar Barchedig Gerallt Davies, Bangor, am gasgliad o gerddi ysgafn, ond mynnai'r gorseddogion holi a ellid mewn difrif calon, ac yn enw pob rheswm, ystyried casgliad o'r fath yn deilwng o'r anrhydedd? 'Y mae o fewn cyrraedd gwerinwr syml,' taerwyd, 'i lunio pethau fel y rhain . . . ac onid oes gagendor llydan rhyngddynt a phryddestau urddasol?'

Yn wir aeth Llew Llwydiarth, y Derwydd Gweinyddol, bron mor bell ag awgrymu fod angen disgyblu rhai pwyllgorau lleol am y duedd beryglus oedd ynddynt ambell dro i osod testunau o'r fath. Eu chwipio'n gyhoeddus, hwyrach! 'Ac yr wy'n synnu,' ychwanegodd gyda chryn ddirmyg, 'fod y bardd buddugol erioed wedi canu fel hyn.'

Clywyd amenio a phorthi brwd o bob cyfeiriad am fod eu harweinydd, heb yr un blewyn ar dafod, wedi cymryd arno y cyfrifoldeb arswydus o fod yn warchodwr safonau, a'i fod hefyd wedi rhoi ergyd farwol, anatgyfodadwy am genedlaethau, fe obeithid, i'r cancr peryglus, yr ysgafnder cwbl ddi-alw-amdano hwnnw yr oedd dirfawr berygl iddo dreiddio i weithgarwch eisteddfodol y Fam Ynys nes ei heintio a'i difwyno'n llwyr!

Ddwy flynedd ynghynt, wrth feirniadu cystadleuaeth ysgrifennu drama hir yn Eisteddfod Genedlaethol Bro Maelor yr oedd John Gwilym Jones wedi rhoi mynegiant croyw i'w broffes yntau. 'Rwyf yn credu,' meddai, 'na eill drama fod yn ddrama o faint a phwys heb iddi fod yn ddrama ddifrif am bwnc dwys. Yn blwmp ac yn blaen, mae'n rhaid iddi fod yn ddrama ag elfen trasiedi iddi . . .,' a chan fynd rhagddo i ddadlau mai oherwydd eu difrifwch a'u dwyster y mae Racine a Strindberg ac Ibsen a Sartre ac Anouilh a Pirandello, a'u siort, yn ddramodwyr o bwys ac arwyddocâd. Wel! digon posib! Ond a oes RAID i ddrama fod felly? Sgersli! Mae'n ddrwg calon gen i anghytuno â hen athro y mae ei enw'n dal i berarogli ymhlith rhai o 'nghenhedlaeth i a fu mor ddwfn yn ei ddyled, ond beth am Oliver Goldsmith a Molière ac Oscar Wilde a Bernard Shaw a rhai o'r Gwyddelod eraill, i enwi dim ond dyrnaid? Does bosib na ellir ystyried ambell gyfraniad o'u heiddo hwythau yn rhai o 'faint a phwys'? Ac fe luniodd y bardd o lannau Avon yntau hefyd ambell gomedi.

Yr oedd J. T. Jones, y diweddar ysgolhaig a chyfieithydd, yn yr un olyniaeth a'r un mor llawdrwm. Mynnai yntau ddileu unrhyw elfen o ysgafnder pan, a phryd bynnag y gwelai'r mymryn lleiaf ohono yn ymwthio i'r golwg. Droeon fe'i clywais yn ei dweud hi'n hallt ac yn mynd i stêm yn lafoeriog wrth fynegi ei gred. 'Bobol annw'l! Sens o rwla . . .' na ddylid rhoi lle i gystadlaethau 'israddol' fel llunio englyn ysgafn neu stori fer ddigri neu ddychangerdd, heb sôn am hurtrwydd fel cerddi cocosaidd, yn y Genedlaethol o bob man. Na, does dim dwywaith amdani nad oes heresi beryglus ar led sy'n honni fod pob deunydd ysgafn, o raid, yn ddeunydd arwynebol yr un pryd.

O feddwl am storïau digri a phethau dirmygedig o'u bath, fe gofir mai dim llawer mwy na dwywaith mewn hanner canrif y rhyfygodd y beirniaid i ddyfarnu Medal Ryddiaith yr Eisteddfod Gendlaethol am ddeunydd ag elfen o ysgafnder ynddo, er bod hynny'n siŵr o fod ddwywaith amlach nag yn hanes yr awdl a'r bryddest hefyd. Y tro cyntaf oedd yn Llangefni yn 1957 – *Teisennau Berffro* (Tom Parri Jones) a'r llall, ddeng mlynedd ar hugain yn ddiweddarach ym Mro Madog 1987 – *Sna'm Llonydd i' Ga'l!* (Margiad Roberts).

Dangosodd Tom Parri Jones fod modd adnabod pobl, eu bywyd a'u pethau, yn drwyadl hollol, drwy gyfrwng cyfres o storïau digri. Yng ngeiriau T. H. Parry-Williams, llwyddodd i 'droi llên-gwerin cylch arbennig – a honno'n llên gwerin lofft stabal yn aml, gyda'i throeon trwstan a'i chastiau ystumddrwg – yn llenyddiaeth . . . yn greadigaeth anghyffredin o ddengar.'

Fel cael llond ysgyfaint o awyr iach yr oedd storïau Margiad Roberts yr un modd; mor wir ydoedd geiriau Eigra Lewis Roberts, un o'r beirniaid y flwyddyn honno, ei bod yn 'syndod faint o wirioneddau bywyd a ddaw i'r amlwg drwy gyfrwng donioldeb a all ymddangos yn arwynebol.'

'Llafn o oleuni ym mwrllwch y blynydoedd yma,' ategodd Gruffydd Parry wedyn. Ond eneidiau prin ydynt ac ar fysedd un llaw y gellir eu cyfri. Yn wir, yn yr hinsawdd sydd ohoni, nid oes argoelion fod y mwrllwch am godi chwaith.

Does fawr er pan fu un o'n llenorion iau – er ei bod hithau'n ganol oed erbyn hyn – yn traethu'n od o huawdl mewn erthygl yn

Barn fod y mwynhad o ddarllen llyfrau Cymraeg iddi hi bellach wedi mynd yn beth digon prin. 'Mae'r ysgrifennu'n farwaidd,' tystiodd ac, ymhlith llawer o bethau eraill, addefodd ei bod hi wedi hen ddiflasu ar 'atgofion hen ddynion y mae eu traed wedi oeri.' Ergyd angeuol i *Gyfres y Cewri* buasai dyn yn tybio!

Feiddiwn i ddim dadlau â hi, cofier. Hwyrach ei bod yn llygad ei lle. Ond rydw innau wedi diflasu hefyd, wedi hen syrffedu ar y marweidd-dra arall hwnnw sy'n nodweddu cynnyrch rhai beirdd a llenorion o bob oed, am eu bod yn mynnu, yn hunanymgosbol, bod yn broffwydi gwae, sy'n edrych ar yr ochr dywyll, sy'n waradwyddus o benisel, na welant ddim ond arwyddion rhyw ddinistr neu'i gilydd rownd y rîl.

Unigrwydd dyn a'i hiraeth wrth iddo fyfyrio ar adfeilion ei fywyd, ei ddinodedd a'i ddiymadferthedd, ei wacter ystyr a'i farwoldeb, ac wrth iddo wynebu anghyfiawnder a diddymdra a difodiant a 'di' bob dim dan haul, dyna'r themâu yn llawer rhy aml, gyda'r cyfan yn adleisio awdur yr *Infferno* – 'chwychwi sydd yma'n mynd, gadewch bob gobaith.'

Bendith y Tad iddynt, rhodded glust i'r hyn a ddywedodd Derec Llwyd Morgan – a bendith ar ei ben annwyl yntau am ddweud y fath beth – wrth iddo gloriannu'r ymgeiswyr yng nghystadleuaeth y Goron yn Eisteddfod Genedlaethol Môn 1999. Sôn yr oedd am ddifrifoldeb beirdd y gystadleuaeth, nodwedd a oedd ymron wedi ei lethu, eithr nid beirdd y gystadleuaeth honno'n unig ond pob cystadleuaeth arall y bu ef yn ei beirniadu yn yr Eisteddfod Genedlaethol erioed, ac eithrio hwyrach y ddychangerdd!

Meddai, a bendith ar ei ben unwaith eto – yn sicr daeth Daniel i'r Frawd . . . 'Dylid cyhoeddi o bennau tai fod gan feirdd hawl i ymddigrifo, a bod ymhlith y Cymry, o Ddafydd ap Gwilym hyd at Fyrddin ap Dafydd, draddodiad llachar o ysgrifennu barddoniaeth ddoniol. Ond gyda'r difrif a'r difrifol y buom gan mwyaf y tro hwn, yn gwynto *Dettol*, yn camfagu plant, ac yn anwybyddu deddfau'r greadigaeth . . .'

O na ddeuai yr un pryd, ac yn llawer amlach, chwa i suo'n

rhyddiaith o leoedd fel y Berffro, Carreg Boeth a'r Dre Fain. I'n llonni. Fel na chlywn y gynnau'n rhuo. A'r clychau'n cnulio. Er bod hynny yn ormod i'w ddisgwyl, siŵr o fod.

Pam? O! Pam Gymru, y rhoddaist inni'r tristwch hwn?

CYFLWYNO'R SIARADWR

Dim ond math o ôl nodyn byr yw hwn i druth y ceisiais ei lunio dro'n ôl wrth drafod y profiadau rhyfedd ac amrywiol a ddaw i ran dyn wrth iddo fynd o gwmpas i annerch ambell gymdeithas yn ystod tymor y gaeaf, boed gymdeithasau llenyddol, cylchoedd cinio, canghennau o Ferched y Wawr, o Sefydliad y Merched, o Undeb y Mamau – o unrhyw fath dan haul yn wir.

Mae'r ffaith eich bod wedi'ch gwahodd yno yn y lle cyntaf yn rhagdybio bod rhywun, beth bynnag, o blith aelodau'r pwyllgor a fu'n gydwybodol drefnu'r rhaglen, o leiaf yn gwybod rhywbeth am eich pedigri. Nid bod hynny'n rhy amlwg bob tro chwaith, ac wedi i ddyn gyrraedd ar y noson benodedig ambell waith fe ganfyddir mai pur niwlog yw gwybodaeth llywydd y cyfarfod am y siaradwr.

Ni fynnwn wadu, er hynny, nad oes eithriadau prin a disglair sydd wedi gwneud gwaith cartref hynod drylwyr ymlaen llaw ac y ceir ambell lywydd sy'n gwybod braidd ormod a'i fod wedi tyrchio mwy o hanes y darlithydd nag a fynnai hwnnw druan iddo'i ddatgelu'n llawn i'r gynulleidfa!

Ar y llaw arall, wedyn, ceir sawl enghraifft o lywydd a ymdrechodd hyd eithaf ei allu lled gyfyng i gasglu gwybodaethau ar gyfer ysgwyddo'i fawr gyfrifoldeb, dim ond mai crap yn unig ar y gwirioneddau sydd ganddo yn y pen draw, fel bod nifer o'r ffeithiau wedi eu cymysgu'n ddifrifol erbyn eu cyflwyno ganddo. Ar yr achlysuron rheini mae'r camau gweigion yn bethau tra chyffredin ac anorfod.

Coffa da am y gŵr doeth hwnnw, un yn ei achos ef a ddylai

wybod yn llawer gwell, a fynnai yn ei sylwadau rhagarweiniol gyflwyno'r Athro Hywel Teifi Edwards fel yr Athro Hywel Gwynfryn Evans! Ac yn fy nydd, fe dadogwyd arnaf finnau deitlau a rhinweddau a chymwysterau na ryglyddais erioed mohonynt. Fe'm cyflwynwyd droeon fel y Parchedig William Owen. Cyfeiriwyd ataf fel y tenor swynol aml ei lawryfon sy'n cadw garej ym Mhorth-y-gest. Yn fy nydd, clywais haeru 'mod i'n fardd coronog a chadeiriol yr Eisteddfod Genedlaethol heb sôn am fod yn enillydd tra haeddiannol ei Medal Ryddiaith yn ogystal, yn wir fy mod yn nofelydd o gryn fri a gallu. Fe ŵyr y cyfarwydd wrth reswm nad wyf, ac na fûm erioed, yn aelod o ddosbarth mor freiniol. Bûm droeon hefyd yn brifathro ysgol gynradd ac ysgol uwchradd, hyd yn oed yn aelod o'r brîd tra dirmygedig hwnnw, yn un o Arolygwyr ei Mawrhydi o bob dim! Nid y bydd rhywun yn brysio i gywiro camargraffiadau lluosog o'u bath. Mae'n ofid gen i gyfaddef y bydda' i, yn amlach na pheidio, yn eistedd yn ôl yn llawn gostyngeiddrwydd ffug i ymdorheulo yn yr holl ddisgleirdeb a'r milmyrdd talentau a dadogir arnaf. Wedi'r cyfan, os yw'r llywydd yn credu'r peth ac am i'w gynulleidfa ei gredu yntau, yna pwy wyf fi i roi pin yn y cyfan i'w dadrithio?

Dyna'r achlysuron eraill wedyn – rhai digon prin hwyrach – er eu bod yn digwydd ambell dro, pan nad yw cyflwynydd siaradwr y noson wedi gwneud ymdrech o fath yn y byd i gasglu gwybodaeth ymlaen llaw amdano ac nad oes ganddo'r un obadeia beth i'w ddweud unwaith y cyfyd ar ei draed i draethu. Bryd hynny, does ganddo chwaith yr un tryweliad o sebon i dywallt dros y gŵr gwadd.

Mi gyrhaeddais ddeng munud yn hwyr i'm cyhoeddiad un tro. Yr oedd hi'n sglyfath o noson ym mis Tachwedd, minnau wedi mynd ar goll braidd wrth geisio cyrchu i bentref diarffordd ym mherfeddion gwlad nad oeddwn wedi bod ar ei gyfyl yn fy mywyd o'r blaen. Roedd llywydd y cyfarfod, llanc pengrych, talp o ffermwr ifanc bochgoch dwy ar hugain oed, a oedd yn torri tir cwbl newydd y noson honno, yn aros fel gafr ar darana' amdana' i yn y cyntedd.

'Meddwl ych bod chi wedi anghofio amdanan ni, fachgian,' sylwodd beth yn gwta, 'cythral o noson 'dydi?'

Ni allwn lai na chytuno er 'mod i'n synhwyro fod tinc o gerydd yn ei lais.

'Rhaid i chi fy sgiwsio fi,' ychwanegodd yn betrus,' ma job fel hyn yn un go ddiarth i mi.'

Cydiai mewn nodlyfr bychan clawr cochddu wrth iddo fy arwain drwy'r gynulleidfa i eistedd yn y rhes flaen.

'Fasa chi'n lecio tynnu'ch côt i ddechra?'

A dyna ufuddhau canys roeddwn i'n wlyb fel sbangi dim ond ar ôl cerdded o'r llecyn parcio i'r drws.

'Steddwch wrth f'ochor i'n fan 'ma ylwch. Fasa fo'n rhwbath gynnoch chi atab cwestiwn neu ddau i mi gynta cyn i mi'ch introdiwsio chi felly?'

'Ffeiar awê, ta! Mi dria i'ngora,' atebais.

Tynnodd feiro o'i boced gesail ac agorodd ei nodlyfr yn seremonïol.

'Be sy'n eich poeni chi?' holais.

'Duw annw'l, does 'na ddim byd yn fy mhoeni fi,' ffromodd, 'dim ond 'mod i isio cael fy ffacts yn iawn. Mae hynny'n bwysig yn tydi?'

'Wel . . . ydi . . . debyg . . . '

'William Ŵan ydi'ch enw chi'n tê?'

'Felly ces i 'medyddio.'

'Ac yn byw ym Mhorth-y-gest?'

'Ia . . . ers ryw . . .'

Torrodd ar fy nhraws, 'er nad un o fan'o ydach chi chwaith, naci?'

'Naci . . . o Sir Fôn.'

'Duw, ia! Wel am fyd bychan! Yn fan'o ma' chwaer Mam yn byw wchi.'

'Tewch da chi.'

'Llan rwbath.'
'Diddorol iawn!'
'Ond does 'na beth mwdral ohonyn nhw o ran hynny . . . o'r Llans rheini yn Sir Fôn.'
'Oes, erbyn meddwl.'
'Be 'di'ch gwaith chi, ta?'
'Mi fasa be OEDD fy ngwaith i'n gywirach.'
'Wedi riteirio ydach chi felly?'
'Rhyw lun ar ymddeol hwyrach.'
'O fod yn ditsiar?'
'Ia, fel y mae'n digwydd.'

Sgriblodd y gair 'titsiar' yn ei nodlyfr.

'Ysgol fach ta ysgol fawr?'
'Ysgol fawr, ond mai un go fach oedd hi, os ydach chi'n dallt be sgin i?'
'Ysgol Port?'
'Ia . . . Ysgol Eifionydd.'

A dyna sgriblo 'Y. Eifionydd' yn y llyfr bach.

'Uffar o job cadw gwastrodaeth ar ryw grymffastia'r oed yna'n, does?'
'Oes hwyrach . . . ambell waith.'
'Titsiar Welsh ia?'
'Naci . . . Addysg Grefyddol.'
'Arglwydd! Rhaid i mi watsiad fy iaith felly, 'n bydd?'
'Peidiwch â phoeni gormod am hynny chwaith.'
'Ac rydach chi wedi g'neud llyfr medda rhywun?'
'Do wchi.' (Yn lled ymddiheurol.)
'Llyfr am be?'

(Yn dra chloff.) 'W . . . w . . . wel, am bob matha o betha, a deud y gwir.'

'Sut fath o betha' 'lly?'
'Dydio fawr o bwys . . .'

'Beth oedd 'i enw fo ta?'
'*Clwydda i gyd* oedd teitl y dwytha.'

Sgriblodd CLWYDDA I GYD yn ei lyfr bach.

'Enw od.'
'Hwyarch 'i fod o.'
'Rydach chi wedi sgwennu mwy nag un, felly?'
'Do, o'i roi o fel yna.'
'Wel, faint?'

(Yn gloff eithriadol.) 'Deudwch rhyw ddyrnaid.'

'Blydi hel! A be am y weiarles . . mi fuoch ar honno hefyd?'
(Sgriblodd y gair weiarles.)
'Stalwm oedd hynny . . . ond ylwch, dydach chi ddim yn meddwl fod ganddoch chi hen ddigon o wybodaeth erbyn hyn . . .?'
Roedd y gynulleidfa, er nad heb beth cyfiawnhad chwaith, wedi dechrau anniddigo. Digon amharod er hynny oedd y llywydd i godi ar ei draed, dim ond craffu ar y nodlyfr o'i flaen er mwyn serio'r geiriau TITSIAR.
YSGOL PORT.
CLWYDDA.
WEIARLES . . . yn annileadwy ar ei gof. Eithr toc, wedi hir, hir oedi â'i goesau druan yn crynu, wedi iddo ollwng ochenaid ddofn o eigion ei fod, safodd.

'Sori'n bod ni fymryn yn hwyr yn dechra gyfeillion, er nad ydi hynny ddim byd newydd yn ein hanas ni yma chwaith, nacdi?'

Chwerthin uchel a churo dwylo brwd o du'r gynulleidfa.

'Plesar . . . plesar i mi . . . ydi cyflwyno'r siaradwr i chi heno. Titsiar wedi riteirio. Mae 'na lot o'r brîd hwnnw hyd fan 'ma bellach, does? Mae o'n dŵad o Borth-y-gest. Roedd o'n dysgu . . . yn dysgu Welsh yn ysgol Port . . . naci . . . dysgu be ddeudsoch chi hefyd?'

'Addysg Grefyddol.'

'Ac y mae ganddo ddigon o amsar ar 'i ddwylo i sgwennu llyfra rŵan . . . y letest . . .' (ar ôl edrych ar y papur) 'y letest ydi rwbath lle mae o'n rhaffu bob matha o glwydda. Wn i ddim faint o glwydda gewch chi gynno fo heno 'ma chwaith . . . ond 'newch chi roi croeso iddo fo. Ofar tŵ iw Mistar Ŵan . . .'

Ac os byr ei eiriau wrth gyflwyno, byrrach fyth ei sylwadau wrth grynhoi ar y terfyn.

'Nid fy lle i ydi diolch . . .' (yn union fel pe bai'n mynnu rhoi'r argraff na chafodd undim gwerth diolch amdano) . . . 'felly, ga' i alw ar Huw Huws Hafod Isa i neud y joban honno – Huw Huws ddowch chi 'mlaen.'

Yn dilyn y seremoni honno fe'm gadawyd druan ar fy mhen fy hun, yn union fel pe bai'r gwahanglwyf arnaf, i lowcio paned o de cry' ac un sgedan siocled, cyn mentro ohonof eilwaith i'r storm oedd yn dal yn ei hanterth y tu allan. Eithr wrth i mi ei hanelu hi am y drws rhedodd llywydd y noson ar fy ôl gan chwifio ei nodlyfr yn herfeiddiol –

'Mae'r ffacts i gyd gen' i erbyn y dowch chi y tro nesa ylwch . . . Cheerio 'ta am rŵan . . .'

Ond pob parch â'r llanc pengrych hefyd. Ni thramwyasai ef erioed y ffordd honno o'r blaen ac yr oedd yn rhaid iddo ddechrau arni rywbryd. Fi, fel yr oedd hi'n digwydd y noson honno – os goddefer idiom estronol, oedd ei fochyn cwta! Arna' i y gwnaeth ei arbrawf cyntaf fel gŵr cyhoeddus. Dichon y bydd yng nghwrs y blynyddoedd yn magu profiad yn y gwaith, yn cael cyfle i berffeithio'i grefft wrth gymryd rhan yng nghweithgaredd mudiad fel y Ffermwyr Ifanc ac ati, ac y bydd maes o law yn datblygu'n gefn dyn yn ei gymuned, yn un o bileri ei gymdeithas, yn ŵr aeddfed a huawdl ar ei draed, fel y dywedir. A thra bo rhai o'i anian ef yn aros yn ein hardaloedd gwledig, fe erys ambell lygedyn o oleuni. Ar ysgwyddau'r cyfryw rai y sylfeinir y gobaith am ffyniant a pharhad y bröydd rheini.

O KYLIE MINOGUE A MADONNA
I WALDO A TOM NEFYN

Ym Mhrifwyl Môn 1983, mi gredaf, y prynwyd albwm llofnodion iddynt bob un, y naill gyda'i glawr gwyrdd ar ei chyfer hi'r nawmlwydd, a'r llall, yr un coch, iddo yntau'r saith a hanner. Byddai'n rhywbeth i'w cadw'n ddiddig tra byddem ninnau'n crwydro'r maes ac yn dal pen rheswm efo hwn a'r llall, fel y bydd rhywun mewn eisteddfodau.

Pharodd y chwiw o gasglu ambell lofnod ddim yn hir chwaith, dim mwy na ryw flwyddyn fer ar y gorau, cyn iddynt gael eu rhoi i gadw. Yn hel llwch y buont am ysbaid hir wedyn nes iddynt, yn gwbl annisgwyl, ddod i'r fei yn ddiweddar.

Erbyn hyn mae eu perchnogion gwreiddiol wedi mynd dros y nyth ers tro byd ond er bod y ddau albwm mewn cyflwr digon bregus bellach, gyda hanner eu tudalennau'n rhyddion, fe ddychwelwyd y ddau hen grair iddynt. Fe gânt wneud a fynnont â hwy er 'mod i'n ryw led synhwyro rywsut y dangosir mwy o barch atynt o hyn ymlaen. Byddant yn gyfrwng i'w hatgoffa o'u plentyndod coll.

Ond cyn eu cyflwyno'n ôl i'r 'plant' bwriais gip dros y ddau albwm gan sylwi fod nifer helaeth o enwogion Gwalia wedi torri eu llofnod ynddynt. Nid yn annisgwyl hwyrach, sêr byd y cyfryngau torfol, y radio a'r teledu a welir amlaf.

> '*Swsus mawr iawn*,' meddai Sue Roderick.
> '*Sut hwyl yn yr ŵyl?*' holai Gareth Glyn,

tra bod R.Alun Evans, Beti George, Iestyn Garlick, Mari Gwilym Menna Gwyn, Hywel Gwynfryn, Madam Sera, Siân Wheldon, Huw Ceredig, Trebor Edwards, Dewi Pws, Mr Picton a'r diweddar annwyl Gari Williams, bob un yn cyfleu eu *'dymuniadau gorau'*.

> *'Cymru am byth,'* tystiai Dafydd Iwan.
> *'I Fflur a gofiaf yn fabi,'* – cyfarchiad Robin Williams.
> *'I Robin Pryderi sy'n dipyn o gês,'* eiddo Merêd.

Mae Eluned Phillips, bardd coronog y flwyddyn honno yn gynnes ei chyfarchion, Dic Jones yntau. Felly hefyd nifer o'r gwleidyddion – *'Cledwyn'* – heb yr Hughes a chyn ei ddyrchafu'n arglwydd – ynghyd â'r diweddar Geraint Howells, a Dafydd Elis-Thomas, dau gyffredin ddi-deitl bryd hynny.

Cofiaf hefyd sylwi ar Gwynfor Evans yn crwydro'r un maes, minnau'n ceisio bod yn dad da ac yn cymhell yr ieuengaf o'r ddau acw –

> 'Well i ti fynd at y dyn gwallt gwyn yn fancw i ofyn am ei lofnod o 'dydi . . . a chofia fod yn gwrtais a deud *Plîs.'*
> 'Ond pam?'
> 'Dyna i ti Gwynfor Evans, yldi.'
> 'Pwy ydi o felly?'
> 'Dyn pwysig iawn i ti ddallt.'
> 'Dydi o ddim yn bwysig, bwysig chwaith, nac ydi?'
> 'Rannwyl, pam wyt ti'n deud hynny?'
> 'Dydw i 'rioed wedi ei weld o ar S4C beth bynnag.'
> 'Paid a chyboli wirion. Oni bai amdano fo . . . ond hidia befo, fo YDI S4C, llanc.'

Gwrthod yn bendant wnaeth o ond fe aeth ei chwaer yn ei le a chydsyniodd yntau, Gwynfor, yn serchus â'i chais. Ar y ddalen olaf ond un yn ei halbwm hi hefyd gwelir enw cyn-faer Bwrdeistref Frenhinol Caernarfon er mai 'mhen rhai misoedd ar ôl Eisteddfod Genedlaethol Ynys Môn, 1983, y torrodd ef ei lofnod –

'Noswaith dda a chroeso! Hwyl rhwng te a swper efo'r pedwar a'r gath ym Mhorth-y-gest: Ifor Bowen Griffith.'

Dros y ffin yn Lloegr byddai cryn werth i gasgliadau o'u bath. Gwelir arwerthwyr Christie a Sotheby yn cynnal ocsiynau'n rheolaidd bob blwyddyn pan ddaw llofnodion a phob mathau o femorabilia enwogion o dan y morthwyl; ond os am brynu dros y cownter, Fraser yn y Strand yw'r lle. Ceir dewis o blith trigain mil a rhagor o eitemau yno.

Am lofnod y Chwilod – Ringo, John, George a Paul y mae'r galw pennaf ac y codir y prisiau uchaf, gyda Marilyn Monroe a James Dean yn dynn wrth eu sodlau. Mae Greta Garbo hithau'n boblogaidd, heb anghofio eilunod cyfoes fel Madonna a Kylie Minogue. Nid yw Robbie Williams a Russell Crowe yn bell ar eu hôl hwythau. Mewn cyfnod o ddeng mlynedd wedyn saethodd gwerth llofnod Frank Sinatra o dri chant i fil o bunnau, John Wayne yr un modd, a Grace Kelly o ddeugant a hanner i ddeuddeg cant!

Tipyn rhatach, mewn cymhariaeth, ydyw eiddo cewri'r byd chwaraeon. Dim ond trigain punt, fel enghraifft, yw gwerth llofnod Tiger Woods er bod unrhyw sgribl o law Muhammad Ali yn sicr o gyrraedd y mil yn eitha' rhwydd.

Nid bod pawb yn fodlon rhoi ei lofnod, ac ni fu neb mwy crintachlyd yn ôl y sôn na George Bernard Shaw. Gwrthodai ef bob cais, ond byddai'n ddigon ystumddrwg i dalu pob bil â siec. Gwybod yr oedd yr hen bero na châi'r un o'r sieciau rheini eu talu i mewn i unrhyw fanc am fod ei lofnod arni.

Mae llofnod ar draws ffotograff wedyn yn fwy o werth nag un ar ddarn o bapur, ac unwaith y mae person yn marw bydd y pris yn dyblu dros nos. Ond dylid gochel bob amser rhag y rhai ffug. Daw digon o'r rheini ar y farchnad yn rheolaidd.

Eithr mwy gwerthfawr na'r cyfan oll i gyd, pe bai modd cael gafael ar un, fyddai llofnod y Bardd o lannau Avon. Dim ond saith esiampl gan yr hen Wil Shakespeare sydd ar gael yn yr holl fyd ac amcan geidwadol o'r pris fyddai miliwn o bunnoedd yr un!

Rheswm arall, o bosib, paham y telir prisiau mor uchel am lythyrau'r enwogion yn hyn o fyd yw am ein bod erbyn hyn yn byw mewn cyfnod pan yw crefft y llythyrwr yn prysur brinhau dan bwys cystadleuaeth ffyrnig o du'r Rhyngrwyd.

Anfonodd rhywun unwaith at y Fam Teresa yn slymiau Calcyta i ofyn am ei llofnod. Atebodd hithau mewn pwt o nodyn –

'Pwysicach fy merch na chasglu llofnodion yw ystyried beth y gallech ei wneud dros Iesu – Teresa.'

Pan benderfynwyd rhoi hwnnw ar y farchnad beth amser yn ddiweddarach fe'i gwerthwyd am rywbeth fel seithgant o bunnoedd!

Yr un modd, talwyd nawcant yn ddiweddar am lythyr gan Charles Dickens a swm cyffelyb am un gan W. G. Grace, ond rhoddwyd amcangyfrif o ddwy fil am un gan John Wesley. Nid y daw rhai o'r fath i'r golwg yn aml chwaith ond pan ddônt mae'r gystadleuaeth amdanynt yn un boeth eithriadol.

Gwerthwyd gohebiaeth oddi wrth William Joyce (Lord Haw Haw gynt) i'w ferch, am wyth gant dro'n ôl. Prisiau cyffelyb roddwyd am sgribliadau oddi wrth Heinrick Himmler, Pennaeth yr S.S. ac yr oedd gofyn i rywun gael gwared â dwy fil o enillion am gerdyn Dolig (o bob dim!) gan Adolf Hitler. Y syndod yw fod pobl ar gael, ac y mae digon, sy'n gasglwyr memorabilia gwehilion o'r fath.

A beth am ohebiaethau prif weinidogion ac arlywyddion? Oddeutu mil i bymtheg cant am eiddo Winston Churchill ond llawer, llawer llai am Anthony Eden, crocbris am rywbeth yn dwyn enw'r Hen Wyddeles, y nesaf peth i ddim am John Major druan. Prisiau lled isel hefyd am ryw reswm a roddir am lofnodion gwleidyddion y chwith, ond os am fuddsoddiad gwerth chweil chwilier am rywbeth gan Abraham Lincoln, Dwight Eisenhower neu J. F. Kennedy; a phetai rhywun yn gallu rhoi ei law ar eitem o eiddo Oliver Cromwell ni fyddai raid iddo boeni ynghylch ei bensiwn nac unrhyw broblemau ariannol byth mwy. Byddai ganddo fuddsoddiad i gadw'r blaidd o'r drws hyd dragwyddoldeb wedyn!

Cofier, er hynny, mai prisiau'r byd Seisnig yn ddiwahân yw'r cyfryw rai a rhaid i ni yn hwyr neu'n hwyrach ddychwelyd â'n traed ar y ddaear i'r cyd-destun Cymreig. Rhoes y plant acw heibio'u pethau plentynnaidd ers tro byd bellach, nid felly rwy'n ofni eu tad! Mae ef, fe ymddengys, yn ei ail neu ei drydydd plentyndod yn dal i ddal ati; nid yn gymaint i gasglu llofnodion gwŷr a gwragedd enwog yr henwlad hwyrach, eithr yn fwy arbennig lythyrau nifer ohonynt.

Fe soniais rai troeon o'r blaen am yr hobi ryfedd hon a'm meddiannodd. Mae'n gasgliad sydd wedi tyfu'n un eithaf sylweddol erbyn hyn. Mae'n cynyddu'n rheolaidd hefyd, yn wir yn ymestyn bellach dros gymaint â phedair llond ffeil drwchus, gyda rhyw eitem newydd gyffrous o hyd yn dod i'r golau. Hwyrach nad oes unrhyw werth materol yn perthyn iddo ond caed peth wmbreth o bleser wrth ymhel â'r cyfan.

Dyna, fel enghraifft, y llythyr diddorol hwnnw a gyflwynwyd i mi yn anrheg gan gyfaill dro yn ôl, un a anfonwyd o'r *University College of Wales, Aberystwyth* ar yr ail ddiwrnod o Fai 1927.

Roedd eisteddfod ryng-golegol y myfyrwyr newydd ei chynnal yn Aberystwyth ac fe welir llythyrwr ifanc, tair ar hugain oed, un o drefnwyr yr eisteddfod honno, yn anfon at ysgrifennydd y Gymdeithas Gymraeg yng Ngholeg Bangor yn taer erfyn arno i wneud a allai i ddwys bigo rhai o'i gyd-fyfyrwyr a'u hargyhoeddi o'u cyfrifoldebau .Fel hyn yr ysgrifennai –

'Annwyl Gyfaill,
    Y mae'n flin gennyf eich trwblo fel hyn ar ôl llawer o ddyddiau.
    Fe letywyd pedwar cynrychiolydd o Fangor dros yr eisteddfod gan Mrs Finch, Little Dark Gate Street, Aberystwyth a chytunwyd â hi iddynt gael pryd a llety am ddwy noson am wythswllt yr un.
    Yn lle hyn fe euthant â phedwar pryd yn ormod gan gymryd eu cinio yno yn lle yn ffreutur y col. fel y paratoesid iddynt – a

thrannoeth fe fwytasant ginio cyn cychwyn yn ôl, cinio nad oedd ar ein trefniadau ni ar eu cyfer. Y canlyniad yw bil o 13/0 dros ben y 32/0 sydd yn syrthio arnom ni fel pwyllgor yma. Credwn mai eich lle chwi ym Mangor yw talu hyn, oni allwch gael gan y brodyr annwyl dalu drostynt eu hunain. Ni fyddem yn cwiblo pe bae gennym arian ar ôl wedi'r 'steddfod ond nid oes . . .'

Yna, mae'r llythyrwr yn ychwanegu un ôl nodyn bach gyda'i dafod yn ei foch fel petai –

'Mae'r fenyw (sef Mrs Finch) am ateb mor fuan ag sydd bosibl. Nid yw hirymaros yn nodweddu land-ladies Aberystwyth.'

Y mae'n ddiamau y gallai cenedlaethau o fyfyrwyr a fu yn eu tro yn Aberystwyth amenio'r gwirionedd hwnnw'n frwd. Terfynir y nodyn gyda'r cyfarchion arferol –

'Gan ddymuno i chwi bob lwc.
Yn gywir,'

Nid oes modd gwybod beth fu ymateb myfyrwyr barus Bangor i gais mor resymol i ddigolledu criw Aberystwyth ond gwyddom yn burion pwy oedd awdur y llythyr a anfonwyd atynt. Yn wir, ymhen deng mlynedd ar hugain wedyn byddai'r gŵr ifanc hwnnw yn cyhoeddi cyfrol dra nodedig o farddoniaeth yn dwyn y teitl *Dail Pren*.

Sy'n mynd â mi'n ôl at y materol unwaith yn rhagor, oblegid ar raglen deledu yn ddiweddar roedd rhywun a haerai ei fod yn arbenigwr ar y cyfryw faterion yn rhoi pris o dair mil o bunnoedd am ddarn o bapur yr oedd W.B.Yeats wedi sgriblio rhywbeth arno; roedd hynny'n fy ngadael innau wedyn i bendroni, petai Waldo ddim ond yn Sais, neu'n wir yn Wyddel ac yn ysgrifennu yn y Saesneg . . . Ond rwy'n rhyfygu. Diau y byddai ef yn troi yn ei fedd o'm clywed i'n cablu yn y fath fodd!

O dro i dro wedyn, derbyniodd fy nghyfaill, y Parch. Harri Parri lythyrau oddi wrth rai Cymry adnabyddus ac yn garedig iawn fe drosglwyddodd rai ohonynt i'm gofal i. Dyna'r nodyn diddyddiad hwnnw fel enghraifft, ond cwbl nodweddiadol er hynny o'i awdur, Idwal Jones, Llanrwst. Yn ôl pob tebyg, roedd Harri wedi canmol cyfrol o eiddo Idwal Jones mewn adolygiad yn *Y Goleuad* ac fe anfonodd yntau nodyn i ddiolch am y gymwynas a'r geirda –

'*Argoledig, Harri, mi wyt ti wedi 'nychryn i. Does bosib' dy fod ti o ddifri wrth ddeud y petha' yna. Mi werthith fel cwrw'r 'Steddfod ar ôl hyn. Diolch yn fawr iawn i ti boio. Cofion, Idwal.*'

At Harri yr anfonodd Jennie Eirian Davies wedyn un o'i llythyrau olaf - yn ei wahodd i gyfrannu erthygl i'r *Faner* ar gyfer y gyfres a oedd yn rhedeg ar y pryd, un yn dwyn y pennawd *Ni laddodd gwaith neb erioed.*

'*Meddyliais amdanoch chi yn arbennig,*' tystiodd,
(a) am eich bod yn berson gwironeddol brysur
(b) am fy mod yn credu y gallwch chwi ddangos yr amodau beth all gadw pobl rhag cael eu lladd gan waith . . . gallech sôn am bwysigrwydd ymlacio ac ati, wedyn a yw amrywiaeth yn y gwaith yn beth pwysig, oes gyda chwi ryw gynllun gwaith a gorffwys sydd yn help? Gallwch gymryd pa gynllun a fynnoch.
   Cofion laweroedd,
       Jennie.'

Mae rhyw eironi mawr yn yr ohebiaeth hon oblegid o fewn ychydig ddyddiau, onid yn wir ychydig oriau ar ôl ei hanfon, roedd Jennie Eirian druan wedi'n gadael, yn rhannol beth bynnag, am ei bod hi ei hun wedi llosgi dau ben i'r gannwyll ac wedi llwyr fethu â chadw at yr amodau sy'n galluogi'r unigolyn rhag cael ei niweidio gan bwysau gwaith.

Llythyr arall a fawr drysorir, eto un a gefais gan Harri, yw hwnnw a anfonwyd ato gan Tom Nefyn. Derbyn gwahoddiad yr oedd y gŵr parchedig i gymryd rhan mewn ymgyrch efengylaidd yr oedd rhai o fyfyrwyr Bangor wedi trefnu ei chynnal yn y ddinas rywbryd yn y pumdegau –

> '*Synnais*', meddai, '*i chwi ofyn i mi, â'r gwallt bellach yn wyn, ond gan i'ch Pwyllgor fod cyn galled â chanoli'r sylw ar Iesu Grist ei hun ac nid ar ddogmâu ymrannol y chwith na'r dde, dof atoch.*
>
> *Parod wyf i sefyll yn yr awyr agored* (onid oedd yn ei elfen mewn cyfarfodydd o'r fath?) *yn gyntaf oll, ac i wneud rywbeth a garech wedyn. .. Gweddi ddistraen, ffydd dawel, cred yn nawn eneidiau i ymateb, dyna'r paratoadau gorau.*
>
> *Y gwin gorau fo yn eich costrel.*
> *Cofion calon,*
> *Tom Nefyn Wiliams.*'

Y cyfan mewn llaw daclus hynod gymen.

Go wahanol yr ohebiaeth a anfonwyd gan yr Athro J. Glyn Davies i Bob Owen, Croesor ar y dydd olaf o Dachwedd 1950. Mae tôn y llythyr hwnnw'n filain a ffyrnig drwyddo draw. Drwy law y cyn-brifathro Trefor Williams y daeth yn eiddo i mi. Roedd ef wedi ei gael gan gyfaill diwylliedig iddo, Owen Parry, a fu'n fferyllydd yn y Port am rai blynyddoedd, yr hwn a'i cawsai gan Bob Owen ei hun.

Yn ŵyr i John Jones, Tal-y-sarn a brawd i George M. Ll. Davies, bu J. Glyn Davies yn Bennaeth Adran Geltaidd Prifysgol Lerpwl am un mlynedd ar bymtheg. Roedd ei gyhoeddiadau'n cynnwys gweithiau safonol fel *Welsh Metrics* (1911) ond fe'i cofir yn bennaf efallai fel awdur poblogaidd *Cerddi Huw Puw* a *Cerddi Portdinllaen*. Gallai fod yn gymeriad digon cecrus ar brydiau fel y dengys y llythyr canlynol ac, fel y sylwodd rhywun, 'nid oedd yn ofni anuniongrededd syniadau!'

Roedd ef a Bob Owen yn llawiau agos ac yn y llythyr y mae'n bwrw drwyddi'n bur enbyd gan ddryllio nifer o ddelwau yr un pryd. Ni newidiwyd dim ar yr orgraff.

'Tŷ'r Alma, Llanarth, Cards.   30 Tach. '50.

Annwyl gâr,

Dylai fy mod i wedi ysgrifenu atoch ers talwm. Eis i chwilio am hanes Eisteddfod Llanllyfni, ond ni fedrais daro arno. Efallai bod yr hyn a gefais yn erthygl J. H. Davies ar Margaret Davies, Y Coed Du yn Nghymru Coch 1903 – ond nid oes genyf gopi. Mae'r desgrifiad a gefais or eisteddfod hono yn peri i mi feddwl mai ar ôl patrwm Sion Rhydderch yn ei ramadeg y trefnwyd hi – sbri feddw. Y mae genyf man bapurach o gofnodion am eisteddfodau yn yr 18ed ganrif ond y gamp ydyw taro llaw arnyn nhw. Dechreuais sgwenu hanes yr eisteddfod yn y Geninen, rhwng 1900 a 1908. Dim ond un benod a yrais. Stwffiodd Eifionydd rywbeth i mewn oi waith ei hun, ac mi ddigiais. Nid wyf yn cofio ai yn y benod hon y stwffiodd ymosodiad ar 'glymblaid' J. Morris Jones. Nid oeddwn wedi dweyd dim am dano – nid ystyriwn ef yn ysgolhaig o gwbl. Mae'n siwr fod erthygl J. H. Davies ganddoch. Yr oed yn ffiaidd genyf y cachgi hwnw fel dyn ond gwnaeth pethau defnyddiol. Myfi a fyddai yn cywiro Cymraeg ei ragymadroddion. Trwsgl ofnadwy oedd. Ond nid enwodd monof unwaith. Yr oedd cyn waethed a Morris Jones, y cwecyn creulon hwnw. Cymerodd bethau o y Welsh Metrics heb eu cydnabod. Dwedodd wrth Owen Rowland Jones na welodd o mo'r llyfr o gwbl. Dywedodd Shankland wrthyf fod fy llyfr ganddo, copi'r llyfrgell, am fisoedd.

Wel diolch gyfaill am eich geiriau caredig am fy ngwaith. Gwn yn reit dda nad oes eto un dim ar gywyddau y 15fed ganrif o fewn hyd caeau i fy erthyglau yn y Nationalist. Mae'ch gair da chwi yn air gwerth ei gael, yr unig un yng Nghymru yn gydymaith mewn hanes. A welsoch chwi lot mor ddwl ag haneswyr Cymru. Dyna J. E. Lloyd – ni wyddai agos i ddim am hanes yr Eglwys Ladin yng Nghymru. Ni fedrai weld yr anghysonderau sy'n britho'r cwbl. Misiodd y peth pwysicaf cyn 1100 fod Merfyn Frych yn medru Groeg – marc Cristnogaeth Massilia.

Wrth ganmol D. R. Jones yr ydych yn ymgodi uwchlaw y crach ysgolheigion sydd yn tybied mai purdeb iaith yw y cwbl. Ie, byddai D.R. yn dweyd pethau godidog yn hic hac. Gwrandewais ar ysgolheigion mawr y cyfandir yn dweyd y pethau pwysicaf wrthyf mewn Saesneg bratiog. Pan drois i Dafydd ab Gwilym i Ddaneg yn Copenhagen nid oedd neb ai lach arnaf am fod fy iaith yn fratiog. Dw' i wedi byw ymhlith ysgolheigion, ond nid yng Nghymru. Meddyliwch am ryw hen pwdin fel Edward Edwards yn athraw hanes yn Aberystwyth. That man thinks it amusing to tell lies, meddai Bryn Roberts amdano.

A dyna'ch gair am George. Bendigedig. Taro'r hoelen ffat ar ei phen. Ie gwr bonheddig oedd o. Nid oedd yn wladgarol, ond rhywbeth pwysicach. Yr oedd yn wr ffeind. Bod yn ffeind ydi'r pwnc nid caru eich cymydog ar bapur.

Mi fyddwch yn y sir yma cyn bo hir. Trefnwch i aros yma hyd y mynwch. Mae mysedd wedi cyffio, ac nid allaf ganu'r delyn i chwi – ond mae 'nhafod yn weddol ystwyth. Cawn drafod y gweddill och llythyr campus. Meddyliwch mewn difri, oni bai i mi gael fy ngwahodd i Lerpwl, ni chawswn siawns yn y byd i lenydda yn Gymraeg ac i ddadrys holl gelwyddau y 12 fed ganrif. Wel mi gefais fyw i gyrraedd y pedwar ugain ac i ddweud Hwre pan aeth diawl ar ol diawl i'r twll du. Chwedl Twm or Nant – Twll ei din, twylled yno.

Bydd genyf rywbeth newydd sbon yn Faner toc ar fy nhaid John Jones – ar ganol ei ysgrifenu. Bydd yn newydd.

  Yn ddiffuant,
  J. Glyn Davies.'

Peth digon peryg ambell dro, decini, yw rhoi meddyliau o'r fath ar bapur. Does wybod i ddwylo pwy y disgynnant yn y diwedd!

A dal i dyfu y mae'r hen gasgliad. Erbyn hyn ychwanegwyd ato lythyrau oddi wrth rai fel y Seneddwr Gordon Wilson Enniskillen,

Laurie Lee, Wynford Vaughan Thomas, John Betjeman, Clough Williams-Ellis, yr Esgob David Sheppard, y cyn gôl-geidwad Gordon Banks, y cyn enillydd medal aur yn y Chwaraeon Olympaidd, Mary Peters, hyd yn oed un gan Jimmy Saville; eithr digon i'r diwrnod ei ddrwg ei hun. Rhyw dro arall efallai.

RHODIO 'MHLITH Y BEDDAU

Rhyw unwaith y flwyddyn, rywbryd yn mis Mai fel rheol, â'r wlad ar ei gorau, fydd o'n ddim gen i roi tro o gwmpas hen Eglwys Ynyscynhaiarn. Parcio'r cerbyd ym Mhentrefelin, hanner y ffordd rhwng y Port a Chricieth a'i cherdded hi wedyn, dow-dow, oddeutu tri chwarter milltir hyd y lôn gul sy'n arwain tuag ati.

Fe'i sefydlwyd gan Cynhaiarn Sant yn ôl yn niwloedd y canrifoedd cynnar eithr codwyd yr adeilad presennol yn 1832 ar dir oedd yn eiddo i deulu Price, Y Rhiwlas. Mae'n fangre hynod dawel a neilltuedig, o fewn rhyw filltir ar draws y caeau i'r môr.

Anaml y cynhelir gwasanaethau yno bellach er bod cyflwr y seddau, gydag enwau'r ffermydd lleol wedi'u labelau arnynt, yn ddigon graenus, a chyda'i phulpud trillawr yn sefyll yn gadarn, yr unig un o'i fath yn yr hen Sir Gaernarfon os gwir y sôn.

Rhodd a gyflwynwyd gan Robert Isaac Jones (Alltud Eifion), y fferyllydd, argraffydd a'r cyhoeddwr hynod o Dremadog, ac awdur y *Gestiana*, sy'n gasgliad o fanylion hynafiaethol yr ardal, yw'r ffenest liw hardd sydd yno. Mae'r gadair dderw a saif wrth yr allor yn coffáu'r un gwron.

Loetran yn y fynwent y bydda' 'i fel arfer wedi cyrchu yno am fod yr eglwys ei hun yn amlach na pheidio ar gau. Yn wir, yr unig dro y cefais fenthyg y goriad i gael mynediad iddi fe fu ond y dim i mi, drwy anffawd ddifrifol, â gwneud sôn mawr amdanaf fy hun, drwy gloi fy annwyl wraig i mewn ynddi!

Yr oeddwn wedi cael y fraint o'm hethol yn llywydd anrhydeddus Cymdeithas Lenyddol Bro Goronwy, Ynys Môn am y tymor 1998-99 ac un o gyfrifoldebau deilydd y barchus arswydus swydd honno oedd arwain ei haelodau ar yr wibdaith flynyddol. Ar daith drwy rai o barthau Eifionydd y bwriwyd y coelbren ac yn fy mawr ddoethineb roeddwn i wedi tybio y byddai'n eithaf peth iddynt, ymhlith llu o bethau eraill, gael golwg ar eglwys fechan Ynyscynhaiarn. Yn rasol iawn, fe ganiatodd y Warden i mi gael benthyg y goriad ar y nos Wener, ar yr amod y byddai'n cael ei ddychwelyd yn syth iddo ar derfyn y bererindod drannoeth.

Popeth yn dda. Cytunwyd yn llawen, eithr unwaith y cefais fy nwylo arno, bernais, fel darpar dywysydd tra chydwybodol, y byddai'n eitha syniad i mi roi tro o gwmpas y lle y noson honno, i ymgynefino. Byddai'n rhyw fath o rihyrsal ar gyfer y diwrnod mawr. Roedd hi oddeutu naw o'r gloch y nos ac fe ddaeth fy ngwraig i'm canlyn. Caed strach fawr i agor y drws i gychwyn. Os bu angen dôs drom o hylif W.D.40 ar glo erioed roedd ei angen ar hwnnw, ond fe lwyddwyd yn y diwedd, ac i mewn â ni.

Doedd dim amser gwaetha'r modd, a hithau'n dechrau tywyllu, ond i gymryd stoc hynod frysiog o bethau; a dyna a wnaed; chwarter awr fer cyn cychwyn allan. Y broblem wedyn oedd cloi'r bali drws. Caed mwy o stryffîg fyth gyda'r gorchwyl hwnnw. Roedd hi'n brysur ddatblygu'n dipyn o argyfwng arnom. Ein cyfrifoldeb ni wedi'r cwbl, oedd o. Doedd wiw meddwl am adael y fan ar agor dros nos. Nid yn hyn o fyd beth bynnag, ac yno, am hydoedd, y buom yn edrych yn ddifrifol ar ein gilydd nes i mi yn y diwedd gael yr weledigaeth fawr.

'Saf di y tu mewn,' awgrymais i'm gwraig, 'ac edrych lle mae'r peth yn sticio wrth i mi geisio ei gloi o o'r tu allan. Wyt ti'n dallt be' 'sgin i?'

Oedd hi, yr oedd hi'n deall yn burion ac fel gwraig dda, ufudd, fe gydsyniodd yn syth. Ond doedd dim na thwsu na thagu ar na goriad na chlo na'r un mechanwaith cyntefig wedyn chwaith. Gwrthodai'r tacla styfnig yn llwyr â chydweithredu.

'Mae'r wyrcs i gyd wedi rhydu'n gynddeiriog,' sylwodd hi yn llawn ei helbul o'r tu mewn, 'does 'na undim yn symud 'rochr yma beth bynnag.'

Y trychineb mawr, ymhen rhyw ddeng munud pellach o ymlafnio, rhywbeth oedd yn ymylu ar yr arwrol ar fy rhan i, fu i'r hen beth yn y diwedd ildio a chloi ond, ac ni fu tristach ond erioed chwaith, gan ei chloi hithau druan y tu mewn yr un pryd!

Fel y gellir dirnad, doedd y syniad o dreulio'r nos efo'r ysbrydion yn hen awyrgylch laith Eglwys Ynyscynhaiarn ddim yn apelio'n rhyw daer iawn ati, mwy nag yr apeliai ataf innau orfod dychwelyd fel ci lladd defaid yn ôl i dŷ'r Warden i riportio'r anfadwaith ac i erfyn ar fy ngliniau am gymorth ar fyrder.

Roedd y gwyll yn dechrau cau amdanom gydag ambell seren yn wincio'n ddisgleiriach yn yr awyr uwchben. Clywid oernad ambell dylluan o Goed Ystumllyn gerllaw a chri cornchwiglen o'r gors led cae i ffwrdd. Â'n helpo! O ble dôi'r waredigaeth?

Fe gymerodd gryn ugain munud hir arall cyn y llwyddwyd yn y diwedd i'w ailagor a'i rhyddhau hithau o'i dirfawr wewyr! Dydw i'n ama' dim na fwynhaodd pobl dda Bro Goronwy eu hymweliad. Tystiolaeth rhai, pob parch iddynt, oedd eu bod wedi cael diwrnod i'w gofio ond nid chwarter mor gofiadwy ag a fu i ni'n dau chwaith, yn arbennig o gofio'r artaith a ddioddefwyd wrth baratoi ar eu cyfer! A yw'n syndod i undyn na fentrodd yr un ohonom ein dau i dywyllu drws hen Eglwys Ynyscynhaiarn byth wedyn?

Ond mae'r fynwent yn lle digon pleserus o hyd, a chymryd y gellir ystyried mynwentydd yn lleoedd pleserus felly! Yn wir, fel rhyw glaf Gadara yn rhodio 'mhlith y beddau y bydda i yn treulio ambell orig eitha difyr yn ystod fy ymweliadau blynyddol yno bellach, ac yn synfyfyrio uwchben man claddedigaeth rhai o'r enwogion lleol.

Er bod y cof am Dafydd y Garreg Wen yn llawer lletach na ffiniau'r fro a'i magodd wrth reswm. Englyn o eiddo Elis Owen, Cefnymeysydd sy'n feddargraff i'r telynor a fu farw yn naw ar hugain oed –

> 'Swynai'r fron, gwnâi'n llon y llu–a'i ganiad
> Oedd ogoniant Cymru,
> Dyma lle cadd ei gladdu
> Heb ail o'i fath, Jubal fu.'

Fe gofir am Ellis Owen, a fu farw yn 1868, fel bardd a hynafiaethydd ac fel llywydd y gymdeithas lenyddol enwog honno a sefydlodd yn ei gartref. Golygwyd casgliad o'i weithiau dan y teitl *Cell Meudwy* gan Alltud Eifion yn 1877. Ellis Owen oedd awdur yr englyn cofiadwy hwnnw i *Henaint* –

> 'Henaint ni ddaw ei hunan'– yn dilyn
> Mae'i deulu anniddan:
> Y war grom mal gŵyr gryman,
> A mil o gamau mân, mân.'

Hirathoddaid gan John Williams (Ioan Madog) sydd ar ei feddfaen. Dyma ddwy linell –

> 'Rhôi wledd a chroesaw, bu'n llaw a llywydd
> O fawr dda fwyniant i feirdd Eifionydd.'

I Ynyscynhaiarn ar derfyn ei rawd ddaearol y daeth Ioan Madog yntau. Ei feddrod ef yw'r agosaf at un Ellis Owen ar yr ochr chwith, dim mwy na dau neu dri cham o ddrws yr eglwys.

Dyna John Ystumllyn wedyn – Jac Blac fel y'i hadwaenid, y negro bach wythmlwydd a herwgipiwyd yn greulon oddi ar un o draethau'r Caribî oddeutu 1742 a'i drawsblannu yn Eifionydd. Ar ôl iddo gael ei 'ddofi' gan foneddigesau Ystumllyn datblygodd Jac yn ŵr ifanc iraidd a heini ac yn arddwr penigamp yr un pryd. Roedd un tywyll ei groen yn destun chwilfrydedd mawr yn Eifionydd y ddeunawfed ganrif ac yr oedd y merched wedi llwyr wirioni arno.

Y mae hanes John Ystumllyn yn un hynod ramantus ac yn destun drama i rywun. Rhedodd i ffwrdd gydag un o forwynion Ystumllyn, Margaret Griffith, merch Hendre Mur, Trawsfynydd ac fe'u priodwyd tua'r flwyddyn 1768. Bu iddynt saith o blant ac y mae rhai o'u llinach yn fyw iawn yn ardal y Port o hyd!

Englyn o waith Dafydd Siôn James, Penrhyndeudraeth sydd ar ei goflech ac y mae cryn olwg wedi mynd arni bellach –

> 'Yn India gynna'm ganwyd–a nghamrau
> Ynghymru'm bedyddiwyd;
> Wele'r fan dan lechan lwyd
> Du oeraidd y'm daiarwyd.'

Afraid nodi fod marwolaethau ymhlith plant yn gyffredin iawn yn yr hen gyfnod. Ar un garreg cofnodir colli pedwar plentyn o'r un teulu mewn cyfnod byr o saith mlynedd. Stori drist arall yw honno a groniclir ar feddfaen yng nghwr pellaf yr hen fynwent, y tu cefn i'r eglwys am –

> *'Robert Nadolig*
> *Born December 25 1868. Died July 4 1869.*
> *The infant son of the Rev. Thomas Thomas*
> *Rector of Llanfair, Harlech*
> *Late curate of Portmadoc'*

Holl obeithion Gŵyl y Geni'n cael eu dryllio'n chwilfriw mewn chwe mis.

Unigolyn tra gwahanol oedd Wil Elis, ond tipyn o gymeriad yn ei ddydd serch hynny. Yno y mae yntau. Nid llenor na cherddor na bardd mohono ef, eithr un o bobl yr ymylon, gŵr a gâi yn amlach na pheidio ei hoffi ar gyfrif ei ddiffygion a'i wendidau; gŵr y mae ei hynt a'i helynt ar gof rhai o hen drigolion y fro hyd heddiw, ond er iddo yn ei ddydd fod yn dipyn o rafin gallai 'run pryd fod yn gwbl gartrefol mewn unrhyw gymdeithas. Does dim dwywaith na allai ddal ei dir ymhlith y criw mwy syber sydd bellach wedi ymgynnull yn Ynyscynhaiarn.

Waeth cyfaddef na wyddwn i ond y nesaf peth i ddim amdano nes i mi ddigwydd pori yn rhifyn y Dolig un flwyddyn o'r *Casglwr*, cyfnodolyn Cymdeithas Bob Owen. Sylwi wnes i fod y diweddar bellach, lyfrwerthwr o Landudno, David Hughes â dalen gyfan o hysbyseb am lyfrau ail-law, ac fe gribiniais yn fanwl drwy'r rhestr.

Ymysg y dwsinau ar ddwsinau ar werth trawodd fy llygaid ar un teitl arbennig – *Wil Elis o Borthmadog* gan M. T. Morris 12 td. Roedd yr enw'n canu cloch egwan yn rhywle yn nyfnderoedd y cof, ond pwy yn union oedd yr Wil Elis hwnnw tybed? Ai bardd? Ai llenor? Ai cerddor? Ai pregethwr? Ai beth? Doedd dim modd i ddyn dŵad fel fi wybod; ond roedd fy chwilfrydedd wedi ei ddeffro. Wnawn i ddim torri am ddwy bunt a hanner can ceiniog siawns. A dyna godi'r ffôn i gysylltu â'r llyfrwerthwr.

'Mae'n ddrwg calon gen i,' meddai yntau, 'ond mae arna i ofn eich bod chi'n rhy hwyr. Mi gwerthwyd o lai na hanner awr yn ôl.' (Cyn ddisgybl, erbyn canfod, Ceris Gruffydd o'r Llyfrgell Genedlaethol, oedd wedi achub y blaen arna' i.)

'Biti,' meddwn inna, 'er nad ydi o o dragwyddol bwys chwaith oblegid dydw i ddim yn gasglwr llyfrau, dim ond 'mod i'n chwilio am fwy o wybodaeth am yr Wil Elis hwnnw.'

'Os felly,' atebodd y llyfrwerthwr hynaws, 'mi ddeuda i be wna i efo chi. Dydi o ddim dau fymryn o bamffledyn i gyd. Mi wna i lun-gopi i chi.'

Felly y bu; a doedd o ddim dau fymryn o bamffledyn chwaith. Fe'i cyhoeddwyd yng Nghaernarfon gan Gwmni Cyhoeddwyr Cymreig Cyf. Does yr un dyddiad ar ei gyfyl ond bernir iddo weld goleuni dydd rywbryd tua diwedd y bedwaredd ganrif ar bymtheg. Mae'n cynnwys llun o'r gwrthrych, ysgrif bortread fer ohono ynghyd â baled goffa yn cronicló'i gampau gan gyn-aelod o gylch llenyddol Ellis Owen Cefn-y-meysydd, un a fu yn ei ddydd yn gyfreithiwr ym Mhorthmadog ac yn glerc tref Cricieth, bardd a gynhyrchodd lawer o waith o natur 'rabelaisaidd', sef Thomas Jones, Cynhaiarn fel y'i hadwaenid.

Plentyn llwyn a pherth oedd Wil, petai damaid gwaeth o hynny ac o lech i lwyn, meddir, y bu ar hyd ei fywyd. Lletyai yn llofft stabl ffermdy'r Garreg Wen, ar gyrion y Port, gyda'i gyfaill mawr y Doctor Catt, ryw greadur byrgoes yr oedd anhwylder difrifol yn gynharach yn ei oes wedi symud ei geg gryn lawer yn fwy i un ochr i'w wyneb na'r llall.

Ar un golwg doedd y ddau ddim wedi eu hieuo'n rhy gymarus. Doedd dim byd tebyg o ran pryd a gwedd, corff na meddwl, rhyngddynt. Dim ond un peth oedd ganddynt yn gyffredin, sef eu bod yn ddigartref heb neb i ofalu amdanynt. Symledd meddwl Wil oedd yn gyfrifol am hynny, afradlonedd a meddwdod ei gyfaill.

Digon niwlog ac anghyflawn yw'r wybodaeth am y Doctor Catt, dim ond ei fod wedi cael magwraeth barchus ac addysg dda. Gallasai, os gwir y sôn, fod wedi datblygu yn feddyg medrus ond ei fod wedi bwrw'r cyfan heibio gan fynd yn llwyr oddi ar y cledrau. Rhoddwyd arian iddo gan ei frawd un tro i fynd i Awstralia i ymarfer ei grefft, ond nid aeth fawr pellach na Chaernarfon gan ddychwelyd i'r Port heb yr un ddimai goch ar ei elw. Yr unig gyfrwng cynhaliaeth iddo wedyn oedd yr ychydig geiniogau y byddai yn eu cael gan rai o'r brodorion lleol a fyddai'n cyrchu ato'n achlysurol i gael cyngor ynghylch eu hiechyd.

Roedd o'n ddihareb hefyd am ei dymer wyllt. Câi rhai o grymffastiau'r ardal bleser mawr yn ei fwrw oddi ar ei echel drwy ddynwared cath yn mewian ac yr oedd hynny'n ddigon i'w yrru yntau, y 'Catt' arall, yn llwyr o'i go'! A chyd fyw digon tymhestlog fu rhyngddo a Wil ar brydiau, cyd fyw weithiau mewn heddwch ac weithiau mewn rhyfel, er mai Wil, yn amlach na pheidio, yn rhyfedd iawn, a fyddai'n cael y llaw uchaf mewn unrhyw ymrafael rhyngddynt.

Yn ôl y sôn, o edrych arno'n cerdded yn ôl a blaen ar hyd y dref, gellid tybio fod Wil Elis yn berson o gryn bwysigrwydd ac awdurdod, ac yr oedd yntau wedi magu argyhoeddiad ddofn ei fod wedi ei anfon i'r byd i lywodraethu a rhoi trefn ar bobl a phethau Porthmadog. Cerddai yn fân ac yn fuan o'r naill le i'r llall gan swagro a chwifio'i freichiau fel melin wynt. Arferai ysgwyd ei ben, neu yn hytrach yr oedd ei ben yn ei ysgwyd ef, heb fod ganddo help am hynny, ac fe roddai symudiad o'r fath stamp ychwanegol ar ei bwysigrwydd.

Rhoddai orchymyn i rywun wneud y peth a'r peth yn y fan hyn, ac awdurdodi ryw gyfnewidiadau eraill fan draw, gan siarad ag ef ei hun yn ddi-baid. Cerddai hyd furiau'r porthladd gan saethu gorchmynion cwta pigog i gyfeiriad y morwyr ar iddynt symud y llongau a'r badau i'w lleoedd priodol ac fe fyddent hwythau yn cymryd arnynt ufuddhau iddo. Yn wir, roedd Meistr y Porthladd yn ei ddirgel swcro yn hynny o beth er mwyn ychwanegu at yr hwyl.

Cyrchai i Feddgelert yn ystod tymor yr ymwelwyr wedyn gan ymagweddu mewn cryn awdurdod o gwmpas Gwesty'r Afr a rhoi cyfarwyddiadau manwl sut a phle i symud y meirch a'r cerbydau. Yn ôl yn y Port, cyflawnai ddyletswyddau cyffelyb pan ddôi'r Goets Fawr o Gaernarfon neu Bwllheli. Yr oedd yr un mor gydwybodol yn cyrchu laweroedd o weithiau i orsaf y rheilffordd yn y dref a doedd undyn prysurach, na neb yn fwy ei ffwdan gwyllt, pan ddôi'r trên i mewn. O gofio hyn oll, nid rhyfedd ei fod yn ystyried mai ef oedd y bod pwysicaf a phrysuraf yn yr holl fyd. Roedd angen ysgwyddau cadarn i gario'r holl gyfrifoldebau, er ei bod yn fawr drueni fod ei wisg a'i wedd dlodaidd yn tynnu oddi wrth y cyfan!

Nid oedd yn ddiffygiol mewn ffraethineb ac atebion parod chwaith. Daliai ben ceffyl ryw foneddwr lleol, hunanbwysig, wrth Westy'r Commercial un tro a phan gododd hwnnw ar gefn y march dywedodd yn nawddoglyd –

'Thank you Wil Elis, good man.'

Atebodd yntau'n syth – 'Popeth yn iawn, Syr. I ble yr a' i i'w wario fo deudwch?'

Caed cyfarthiad digon coeglyd yn ôl –

'I'r Commercial debyg iawn.'

Wil, er hynny, oedd y tu clyta i'r clawdd yn y diwedd oblegid pan alwodd y bonheddwr yn y gwesty ymhen rhai dyddiau wedyn yr oedd bil am hanner coron yn ei aros!

Mae gan Je Aitsh wedyn, sef J. H. Jones a fu'n olygydd *Y Brython* o 1906 i 1931, gyfeiriad ato yn ei gyfrol o atgofion *Gwin y Gorffennol*.

Yn hogyn, bu Je Aitsh yn gweini tymor yn y Bee Hive, siop teiliwr yn Lombard Street yn y Port er na fu i'r cyfnod hwnnw fod yn un od o hapus yn ei hanes chwaith. Mae'n wir mai dim ond pum milltir i ffwrdd, yn Nhalsarnau ar draws y Traeth Mawr, yr oedd ei gartref, ond yn ei fynych hiraeth am fro ei febyd byddai'n dringo'n aml i ben Moel-y-gest yn y gobaith o weld ei fam ar ben y drws yn chwifio'i llaw arno.

Aethai William, brawd Je Aitsh, fel Siôn pob swydd (*page-boy*) i wasanaethu yn un o'r tai mawr yn Llundain ac yn rhinwedd y swydd honno roedd gofyn iddo wisgo siwt gynffon deryn las gyda botymau melyn arni. Ymhen y flwyddyn, cafodd siwt newydd ac fe anfonodd yr hen un adre i'w fam i'w rhoi fel siwt dydd Sul yng nghist y nesaf o'r torllwyth a fyddai'n mynd dros y nyth. Je Aitsh oedd hwnnw ac fe fyddai yntau'n torsythu yn y siwt ail-law wrth gerdded yn ôl a blaen i Gapel y Garth ar y Sul gan gredu mai ef oedd paun perta'r Port! Ond breuo fu hanes y siwt cyn hir a bu raid iddo, o hynny 'mlaen, ei gwisgo bob dydd a gorfod gofyn i un o'r teilwriaid yng nghefn y siop i wnïo clwt dros ambell rwyg a fyddai'n ymddangos. Digwyddai hynny mor aml fel y bu raid i'r penteiliwr ddweud wrtho'n dosturiol yn y diwedd –

'Y tro nesa tyrd â lle i roi clwt arall arno efo chdi!'

Da y cofiai Je Aitsh am Wil Elis, y 'diniweityn gogleisiol ei honc a thrampaidd ei ddiwyg,' chwedl yntau, a ddeuai i Siop Bee Hive i orffwyso a chlebran ac, 'ar brynhawn poeth yn yr haf, fe dynnai gadair at y cownter, lledai ei bedion, gogwyddai ei ben a daliai i chwyrnu dros y lle nes ei ddeffroi gan yr haid o bryfaid a heidiai i'w safn i chwilenna am saig.'

Dyna Wil Elis y crefyddwr wedyn. Er ei hunanbwysigrwydd, nid pagan anystyriol mohono. Cawsai ei drwytho ym mhethau'r ysbryd yn blentyn yn yr Ysgol Sul. Roedd athrawon cydwybodol wedi ceisio dangos iddo fod Duw wedi creu dyn ar ei ddelw ei hun ac mai anufudd-dod i gyfraith yr Hollalluog oedd pechod; fod y nefoedd yn lle gogoneddus a hyfryd a bod uffern yn lle o boen i gosbi pechod. Eto, ceir sôn amdano yn mynd ambell gam ymhellach na'r diwinyddion meidrol cyffredin weithiau.

'Pa sawl rhan sydd mewn dyn 'mhlant i?' holai'r gweinidog un tro.

'Dwy,' atebasant hwythau yn un corws cytûn.

'Pump,' anghytunodd Wil yn frwd. Ond fe'i hanwybyddwyd gyda dirmyg.

'Pa rai ydyn nhw, 'mhlant i?' pwyswyd eilwaith.

'Corff ac enaid, Syr,' atebasant trachefn.

'Campus. Ardderchog iawn', glafoeriodd y gweinidog.

'Naci – PUMP,' heriodd Wil.

'O'r gorau ta, William,' holodd y gŵr parchedig ar fin colli ei limpin, 'Pa rai ydi'r pump, ta?'

'Pedwar aelod a phen, Syr,' mynnodd yntau'n dra herfeiddiol!

Byddai'n mynd i gryn hwyl adeg Diwygiad '59 wedyn, a mynych, bryd hynny, y clywid ef yn canu a gorfoleddu'r nos wrth ddychwelyd i'r Garreg Wen. Ar y Sul, âi i wrando ar y Parchedig William Ambrose yn traethu, er na fyddai'r gŵr da hwnnw yn cymryd llawer o sylw ohono chwaith. Doedd ganddo fawr o amynedd ag o ond os ei anwybyddu wnâi William Ambrose, nid felly'r ddau brydydd arall, Cynhaiarn a Ioan Madog. Roeddynt hwy yn bur hoff ohono a buont yn eitha' caredig wrtho. Pan fu farw yn Ebrill 1875, yn bump a thrigain oed, fe fu i'r ddau roi teyrnged gyhoeddus iddo gan ddangos parch i'w goffadwriaeth. Fel y cyfeiriwyd, cyfansoddodd y naill faled goffa iddo a'r llall englyn beddargraff. Cynhaiarn yn ogystal a dalodd am roi'r garreg ar ei fedd.

Y mae'n werth cynnwys rhannau o gerdd Cynhaiarn –

> 'Beth yw'r tristwch? Mae Wil Elis,
> Yr hen fachgen llonna'r rioed
> Wedi marw o'r bronceitus
> Pan yn bump a thrigain oed;
> Yntau drengodd megis eraill,
> Ond nid testun syndod yw,
> Pawb adwaenent yr hen gyfaill
> Synnent sut yr oedd yn byw . . .

Yn y Port bu'n Gapten siriol,
Bu yn hir yn 'faer' y dre,
Rhoi gorchymyn awdurdodol
Byddai'n stesion y rêl wê;
Mawredd mewn dychmygol swyddi
Oedd ei ymffrost hyd ei dranc,
Rhag cael gwraig yn ben i'w boeni,
Byw a marw fu'n hen lanc.

Roedd Rhagluniaeth yn ei gofio
Gan ei fwydo yn ddifêth
Cafodd lety'n nodded iddo
Er na thalodd rent na threth;
Mewn hen adfail oedd yn ymyl
Cafodd gysgu yn y gwair,
Nid oedd yno fuwch na cheffyl
Mwy na'r Port ar ddiwrnod ffair.

Weithia'n rhynnu yn yr eira,
Weithia'n chwys mewn hafaidd des,
Byddai'n myned ar negesau
A'i ddisgwyliad am y pres;
Pan yn gofyn tâl am weithio
Byth ni byddai ef yn swil,
'Thank you mawr,' medd rhywun wrtho
'Ple gwnâi 'i wario?' ebe Wil.

Byddai Wil yn canu weithiau
Pan yn mynd ar noswyl hynt,
Llais fel hwnnw glybu Balaam
Gan ei hen gydymaith gynt;
Wrth ei glywed ef yn lleisio
Gwenai, winciai sêr y nen,
Yntau 'mlaen wnâi lawen deithio
Hyd at feudy'r Garreg Wen.

Mewn Eisteddfod gyda'r beirddion
Byddai'n gwisgo ruban glas,
Adeg lecsiwn byddai'n gyson
Yn areithio gyda blas;
Bu yn dadlau nerth ei esgyrn
Dros iawnderau bach a mawr
Collodd Librals un o'r cedyrn
Pan gadd Wil 'i dorri lawr.

Byddai'n myned i'r addoliad,
Weithiau i'r Capel, weithiau i'r Llan,
Agorai geg a chaua'i lygaid
Ac fe chwyrnai dros y fan;
Cafodd lawer blasus bwniad
Yn ei wyneb, draws ei gefn,
Pan ddeffroai rhôi ochenaid,
Yna chwyrnai'n uwch drachefn.

Os arwyddai ffurf ei wyneb
Fod yn Wil ychydig wall,
Ei gyfrwystra oedd ddihareb
A'i ffraethineb oedd ddi-ball;
Roedd yn onest ac yn ffyddlon,
Tystion i'w gywirdeb gawn –
Bu yn rhodio llwybrau union
Gyda choesau ceimion iawn . . .

Poor Wil! Atgofion melys
Am ei ddull a'i hynod wedd,
Lliaws deithiant tua'r Ynys
I gael golwg ar ei fedd;
Un Wil Elis gadd ei eni,
Hwnnw weithian aeth o'n plith,
Gwag yw hebddo – am ei golli
Teimla'r ardal drwyddi'n chwith . . .'

Yn sicr, deil enw'r hen gymeriad, os nad i berarogli, o leiaf i fod ar gof a chadw rhai o'r hen drigolion yn Nyffryn Madog o hyd, er mai prin oedd yr ymateb pan holais ym mhapur bro'r ardal am fwy o wybodaeth amdano. Eithriad oedd y wraig ddiwylliedig a chraff, Mrs Linor Roberts, Bryn Efail Isa', Garndolbenmaen. Yn yr Archifdy yng Nghaernarfon un bore Llun yr oedd hi – 'rhoi sbeit fwriadol i'r diwrnod golchi' chwedl hithau, ac yn digwydd pori mewn hen rifynnau o'r *Herald Cymraeg* am y flwyddyn 1938, pan sylwodd ar gofnod fod J. R. Owen, Castell y Garth, Porthmadog wedi prynu mewn ocsiwn rywle lun mewn olew o Wil Elis. Ple tybed, holai Linor Roberts, yr oedd y llun hwnnw heddiw?

Yn nhraddodiad gorau yr Arolygydd Poirot, ceisiais innau wneud gwaith ditectif pellach. Cysylltais yn syth â Miss Glenys Evans, wyres J. R. Owen. Oedd, roedd ganddi gof plentyn o ryw lun tywyll yn hongian ar un o'r parwydydd yng nghartref ei thaid a'i nain ond ni allai ddweud fawr o'i hanes, na chwaith beth ddigwyddodd iddo ar ôl eu dyddiau hwy. A dyna ddod i derfyn y trywydd hwnnw! Wel, am y tro beth bynnag.

Yn y cyfamser, deil yr hen Wil Elis i huno ym mynwent Ynyscynhaiarn bob yn ail hwyrach â thynnu sgwrs ag un arall o bobl yr ymylon, sef Jac Blac 'Stumllyn, neu i gynnal ambell seiat gyda rhai o'i hen gydnabod, megis Ellis Owen Cefn-y-meysydd, Ioan Madog, Alltud Eifion a'u siort. Wedi'r cyfan, un felly fuodd o 'rioed, un a allai deimlo'n gwbl gartrefol mewn unrhyw gymdeithas. Ond mae'n drueni fod y Doctor Catt fymryn yn bell oddi wrtho bellach. Ym mynwent eglwysig Penrhyndeudraeth y mae o. Byddai wedi ei gael yntau fymryn yn nes yn gryn fonws.

Ac y mae un peth yn sicr, y bydda' inna yn rhoi tro bob gwanwyn, tra medra i, i edrych amdanynt. Bydd melys fy myfyrdod yno bob amser er i mi sylwi fod angen torri'u gwalltiau yn enbyd ar yr hen greaduriaid y tro diwethaf y bûm i yno. Dim ond gobeithio y bydd y barbwr wedi cyrraedd efo'i gryman neu ei *Flymo* erbyn y tro nesa'. Oes, mae gwir angen cymhennu'r fynwent erbyn hyn, ond os gwir y sôn mae cymdeithas a'i geilw ei hunan yn

Ffrind yr Eglwysi Di-ffrindiau wedi addo bellach ymgymryd â'r cyfrifoldeb o ofalu am yr eglwys. Maes o law, gosodir ffenestri newydd ynddi, diogelir ei holl greiriau, ac fe fydd popeth, gobeithio, ar ei newydd wedd.

HEL CERRIG

Doedd fy Nhad yn ei ddydd ddim yn un o wehelyth y tirfeddianwyr mawr. Tair acer a chwarter – ac yr oedd y chwarter yn arwyddocaol – dyna faint yr holl stad a'r cyfan wedi ei rannu'n dri chae, Cae Moch, Cae Capal a Chae Pengraig. Nid oedd yn berchen led troed hyd yn oed o'r rheini. Eu rhentu a wnâi am rywbeth fel pum punt a chweugain yr hanner blwyddyn. Ond roedd yn ddigon i gadw buwch a llo a dau fochyn ynghyd â rhyw ddwsin o ieir a gâi eu bugeilio a'u gwasanaethu'n gydwybodol gan yr hen geiliog coch Rhode Island a droediai'r cowrt mor bendefigaidd, a chan weithredu fel cloc larwm i ninnau'r teulu yn or-blygeiniol bob bore. Yn hwylus reit hefyd, roedd pwll ar waelod Cae Capal ar derfyn y fynwent yn gynefin hwylus i ryw ddyrnaid o chwiaid. Ar flwyddyn dda fe fyddai acw'n ogystal ddau neu dri o dyrcwn ac un cyw gŵydd i'w besgi ar gyfer ein cinio 'Dolig. Weithau hefyd oen llyweth. Cofiaf un yn arbennig. Roeddwn ar y pryd wedi bod yn darllen nofel Lloyd C. Douglas, *The Robe*, ac wedi bedyddio'r oen swci â'r enw Marcellus Lucan Galio ar ôl un o gymeriadau'r nofel honno.

Yn nhalcen y tŷ roedd y das wair wedi ei thoi'n daclus a charuaidd efo brwyn o Gors 'Refail. Sicrhâi honno y byddai digon o borthiant i'r stoc, i'r hen fuwch a'i llo felly, dros hirlwm y gaeaf.

Yn wahanol i feibion y ffermydd mawr, doedd dim gormod o ddyletswyddau y disgwylid i feibion y mân ddyddynnod eu cyflawni gartre. Bwydo'r ieir hwyrach, hel yr wyau, cyrchu pwcedaid o ddŵr yfed o bwmp Tŷ Lawr, corddi unwaith yr wythnos, cribinio yn ystod y cynhaeaf gwair. Eto yr oedd i'r tyddynnwr yntau ei dymor i bob peth ac fel yr haerodd llenor mawr Llyfr Ecclesiastes roedd 'amser i bob gorchwyl dan y nef . . . amser i blannu ac amser i ddiwreiddio'r hyn a blannwyd, amser i dynnu i lawr ac amser i adeiladu . . . amser i gadw ac amser i daflu ymaith, amser i rwygo ac amser i drwsio, amser i daflu cerrig ac amser i'w casglu . . .'

Roedd 'amser y taflu cerrig', pledu cerrig ddywedem ni, yn fwyniant pleserus odiaeth. Gosod potel Gorona neu botyn jam cwsberis deubwys ar ben clawdd ac am y gorau wedyn i'w malu'n siwrwd, pledu'r brain yng Nghoed Siop ac adar y to ym mhobman, pledu hen gathod powld Tyddyn Creigiau, pledu bustych 'Rengan Las a'u gwylltio pan fyddai Robin yn y Seiat, pledu 'fala ym mherllan Miss Jôs Ffarm ac er mwyn tynnu'r concyrs i lawr yng Nghoed Rhosbeirio, ynghyd â phledu'n gilydd hefyd ambell dro, er bod tywyrch yn llai peryglus na cherrig ar gyfer y ffwlbri hwnnw.

Eithr nid mor ddifyr y gorchwyl o 'gasglu cerrig'. Mae'n eitha posib fod yr hen arferiad hwnnw, fel llawer o rai tebyg iddo, wedi hen ddarfod amdano erbyn hyn. Gwaith ar y ffermydd yr ymgymerid ag ef ddechrau'r gwanwyn ydoedd, penyd ddôi i ran y gwas bach yn amlach na pheidio. Ymhlith y cosbedigaethau eraill a roddid ar ysgwyddau digon gwantan y creadur hwnnw druan, y diystyraf o'r holl wŷr, gellid rhestru gorchwylion diawen megis cario'r us ar ddiwrnod dyrnu neu'r orfodaeth i droi allan â'i gap ar ochr ei ben efo pladur i dorri ysgall. Ond ni ellid meddwl am waeth poenedigaeth, am swydd ddistadlach, am gyfrifoldeb mwy diddiolch na chael eich troi allan i hel cerrig. Onid yr anfarwol Châls o Fodffordd un tro, wrth alw i gof ei brofiadau ef yn gweini ffarmwrs, a ddiffiniodd dragwyddoldeb fel rhywbeth tebyg i gael eich gollwng i gae mawr ar eich pen eich hun a'ch gadael yno o fore gwyn tan nos i hel cerrig. Yr oedd ymhel â'r union orchwyl hwnnw am wythnos gyfan yn waeth byth, yn gyfnod cwbl ddiderfyn fel petai'n ymestyn o un tragwyddoldeb i dragwyddoldeb arall.

Coffa da gan Harri 'mrawd hyna' wedyn wrth iddo yntau fwrw

tymor fel gwas bach. Roedd y Mistar wedi cael ar ddeall rywle fod Harri yn gallu bod yn greadur digon didoriad ar brydiau fel bod angen ei ddofi. Y cam a gymerwyd oedd ei anfon yn syth i hel cerrig ac fe fu wrthi, druan, eto ar ei ben ei hun ac eto o fore gwyn tan nos, yn ymhel â'r gorchwyl hwnnw am chwe wythnos gyfan. Bu'r profiad ymron â'i ladd!

Ar dyddyn o ddim ond tair erw a chwarter, ni ddôi'r cyfryw hunlle i ran dyn yn aml – er y dôi weithiau hefyd –

'Mae hi wedi dod yn amsar i ni feddwl am hel cerrig eto 'leni lats.'

'Nhad fyddai'n codi'r matar yn betrus wrth fwrdd swper rywbryd tua canol Mawrth ; yn betrus, am y gwyddai'n burion nad oedd y gorchwyl wrth fodd calon yr un ohonom.

Ar Now, y brawd canol, yr anelai ei sylwadau. Pathaw oddeutu nawmlwydd oeddwn i tra bod Now yn hŷn ac yn fwy cyfrifol.

'Gwaelodion y cae tu ôl i'r tŷ 'ma sydd 'i hangan hi fwya. Mi sbydwyd y cyfan o'r Cae Moch, llynadd os cofiwch chi, ond mae gwaelodion yr hen Gae Pengraig 'na, yn arbennig y catyn wrth y ffynnon, yn ddiharab. Oni chodir nhw'n abal handi mi fyddan yn beryg bywyd i lafna injian ladd gwair Llanol pan ddaw hi yma mis Mehefin.'

Tawedog a chwbl ddiymateb fyddem ni'n dau wrth aros am ei sylw nesa'.

'Fasa fo rwbath gin ti Now fynd i'w hel nhw ac mi ddaw'r hogyn Wil 'ma efo chdi, rydw i'n siŵr, achos mae o'n hogyn mawr rŵan, 'dwyt ti brawdyn? Faint nei di dywad?'

Ond cyn y byddwn i wedi cael cyfle i ymffrostio yn fy hirhoedledd byddai wedi codi oddi wrth y bwrdd –

'Bora fory amdani felly, trŵps. Dim ond gobeithio y deil hi i chi. Fe ddylia hi achos roedd haul coch yn mynd i glwydo dros y Sgeris 'na heno beth bynnag. Rydw i wedi gadael dwy bwcad wrth ddrws y beudy'n barod i chi ylwch.'

Prin bod y bochau'n rhai bodlon wrth inni'n dau droi allan fore trannoeth, a ddôi'r glaw, yr hen bryfociwr, byth i'n harbed chwaith pan oedd y galw pennaf arno!

'Mi fasa'n llawar rheitiach i'r giaffar ga'l benthyg rowlar go drom o rwla i wasgu'r bali cerrig 'ma yn ôl i'r ddaear,' sylwai Now, 'mi fasa'n arbad cystudd i chdi a finna o beth sy'n siŵr i ti, ond yli, cydia di yn y bwcad fach yma, mi dria inna lenwi'r llall.'

Eu casglu'n fân bentyrrau, dyna'r cyfarwyddyd a roddid, fel y gallai 'Nhad ar derfyn y p'nawn ddod draw efo'r ferfa i gludo ambell lwyth at y tŷ i'w defnyddio i lenwi tyllau ar y buarth ac ar lwybr yr ardd.

Ond buan y byddai'r cwb yn dechrau diflasu.

'Now.'

'Ia?'

'Faint sydd na tan amsar cinio?'

'Be' haru chdi'r llymbar, lot fawr. Dydan ni ddim ond megis dechra .'

'O!'

'Pam felly?'

'Cur pen sgin i.'

'Dim peryg.'

'Oes wir.'

'Mi wellith yn y munud 'sti. Dos i nôl diod o'r ffynnon fach ac mi fyddi di rel bôi . . . '

Pwcs byr arall ar ôl disychedu a chael rhyw gymaint o falm o ddŵr croyw'r ffynnon cyn galw eilwaith,

'Now,'

'Be' sy' rŵan eto?'

'Rydw i wedi cael fy mhigo gan ryw hen bry.'

'Does 'na ddim pryfaid 'radag yma o'r flwyddyn y lembo.'

'Oes, mae' 'na . . . sbia ar 'y 'nghoes i, mae hi'n goch run fath a tasa hi am ddechra gwaedu.'

'Argoledig! Mi rwyt ti'n hen swnyn.'

'Na, dydw i ddim yldi.'

Erbyn hynny roedd yr argae ar fin torri.

'Wyt.'
'Dwi'n mynd at Mam i gael bandej.'
'Yli . . . gwranda 'rhen ddyn . . . os arosi di efo fi am dipyn . . . hwyrach y cei di rwbath.'
'Be 'lly?'
'Hidia di befo . . . ond os llenwi di un bwcediad, hwyrach, ella . . . ond ddeuda i ddim rhagor . . .'

Ond cyn canol y bore fe gawn dwtsh arall o boen yn y bol. Fe ddychwelai'r cur pen. Byddai gennyf andros o ddannodd a phigiadau'r mân bryfaid yn arteithiol ac yn wyneb sefyllfa mor ddyrys gorfodid Now yntau i newid ychydig ar ei dacteg. Yn hytrach nag arthio byddai'n ymlafnio i gymryd y dioddefwr drwy deg a thinpwl tipyn arno.

'Yli was, dydw inna ddim yn lecio'r blincin job yma ronyn mwy na chditha i ti ddallt, ond gwranda di arna i. Maen nhw'n deud fod y Tylwyth Teg weithia yn gadael pres dan ambell garrag. Taet ti yn mynd ati i hel o ddifri ac anghofio'r hen boenau 'na sgin ti, mi allat fod yn lwcus.'

A gwir oedd y gair. Pan godwyd y ddimai gyntaf oddi tan un o'r cerrig fe giliodd y poen yn y bol, y cur yn y pen, gwayw'r ddannodd a llid y pryfaid fel niwl y bore. Erbyn amser cinio roedd pentyrrau taclus o gerrig yn ymddangos hwnt ac yma ar hyd y cae a minnau, diolch i haelioni'r Tylwyth Teg, yn gyfoethocach o rôt a dimai.

'Ma'r hogyn Wil 'ma wedi cymryd at y peth yn arw ,' sylwodd Mam dros ginio, 'paid â llowcio dy fwyd fel yna, dwyt ti ddim ar frys i fynd yn ôl i'r hen gae 'na, debyg?'

Eithr ysu am ailafael mewn tasg mor broffidiol yr oeddwn i. Doedd wybod faint fyddwn i wedi ei gelcio cyn diwedd y prynhawn.

Mae'n wir y caed hyrddiau go hirion wedi cinio pan oedd y 'bobl fach' yn dueddol o atal eu llaw ac y bygythiai'r cur pen a'r poen bol ddychwelyd, ond byddai Now yn fy nghysuro y talai i mi ddal ati. A thalu wnaeth hi. Erbyn cadw noswyl gallwn gerdded yn dalog am y tŷ efo pum dimai, un geiniog ar bymtheg, darn tair ceiniog felen a phishyn chwech gwyn yn tincian ar waelod poced fy nhrowsus cwta, cyfanswm anrhydeddus o ddeuswllt a thair a dimai!

'Biti'n bod ni wedi gorffan hefyd,' meddwn i amser swper.
'Paid â chyboli'r colbar gwirion,' arthiodd Now yn bur snoti . . .

Yr oeddwn i wedi rhoi'r arian a enillais am fy nygn lafur i'w storio'n ddiogel yn fy nghadw-mi-gei yng nghornel silff waelod y jestar drôr yn y llofft gyda'r bwriad digon teilwng o drosglwyddo'r ddimai i'r Blwch Cenhadol er ei hanfon i ymgeleddu'r 'plant bach melynion' oedd yn trigo yn 'China a thiroedd Siapan'. Câi'r gweddill ei fancio'n gyfalaf tra hwylus ar gyfer trip 'rysgol Sul i'r Rhyl, er mai loes gwirioneddol, mwy fyth wedyn o syndod, oedd canfod erbyn y bore bod y cyfan wedi diflannu i rywle.

'Ma rywun wedi dwyn fy mhres i, i gyd,' meddwn i'n ddagreuol amser brecwast.
'Pa bres dywad?', holodd Mam, 'does gen ti ddim pres i fod neno'r trugaradd.'

Gwthiodd Now ei big i mewn i'r drafodaeth,

'Nid dy bres di oeddan nhw'r claerach,' brathodd, 'fi oedd pia nhw . . . fi gosododd nhw dan y cerrig ddoe.' Oni bai am hynny mi fasa chdi meinaps wedi 'i bachu hi'n ôl am y tŷ yma a 'ngadael i yno fy hun.'

Do, fe hawliodd y deuswllt yn ôl ond, yn rasol yn ei olwg ei hun ac fel arwydd o'r hyn a ystyriai ef fel ewyllys da, fe ganiataodd i mi gadw'r tair a dimai. Ellid ddim disgwyl i minnau wedyn yn enw pob rheswm ddangos unrhyw raslonrwydd tuag at y 'plant bach melynion' ac fe benderfynais gadw'r ddimai yn ogystal.

Erbyn heddiw hwyrach fe fendiodd yr archoll, eithr erys y graith ac wedi'r dadrithiad hynod chwerw hwnnw chredais i byth wedyn ym modolaeth y Tylwyth Teg ac ni welwyd mohonof yn codi cymaint ag un garreg i'r un fwced yn unman, yng ngwaelodion Cae Pengraig nac yng ngwaelodion unrhyw gae yn unlle arall chwaith.

DIRGELWCH Y GORON

Mae'n wir nad ydwyf fardd, llai fyth yn fardd coronog, na mab, na brawd, na chefnder chwaith i'r un aelod o'r brid tra anrhydeddus hwnnw, er y gallaf erbyn hyn ymffrostio yn y ffaith 'mod i'n berchen coron bardd! Prin hefyd y gellir f'ystyried fel rhyw fath o gasglwr coronog dyweder, neu'n gywirach hwyrach yn gasglwr coronau canys pur anaml y daw pethau o'u bath ar y farchnad. Ar ddamwain y digwyddais daro ar yr un sydd gen i dan sylw.

Y duedd arferol ar derfyn rhawd ddaearol enillwyr y cyfryw lawryfon yw eu bod yn cael eu diogelu ymhlith trysorau teulu'r ymadawedig. Rhoir dyledus barch iddynt, eu harddel â balchder a'u trosglwyddo wedyn i'r disgynyddion o un genhedlaeth i'r llall. Eithriadau prin yw'r rhai sy'n llithro drwy'r rhwyd i ymddangos ar y farchnad agored. Mae'r un peth yn wir am gadeiriau barddol, ond choelia i fyth nad yw'r rheini yn dod i'r golwg yn amlach na'r coronau.

Daeth hon i'm meddiant am fy mod i yn tueddu i fod yn greadur digon meddal ar brydiau a phan ddigwyddais daro arni yno yn ei thrueni, fe dosturiais yn syth wrthi a'i phrynu yn y fan a'r lle am arian sychion. (Nid am grocbris chwaith. Llai na phris y farchnad dydw i ddim yn amau – a chymryd y gellir rhoi pris ar bethau o'r fath.)

Nid yn unig fe dosturiais wrthi yn ei hunigrwydd a'i llesgedd ond, fel y buasai'n Hen Lyfr yn ei ddweud, fe'i cymerais i'm 'tŷ fy hun yn llawen' gan ymdrechu orau gallwn i'w hadfer i'w hen a'i phriod ogoniant. Dyma fel y bu.

Y mae gennym ni acw erbyn hyn gysylltiadau teuluol agos yn nhref Llandeilo ac achos o'r herwydd i gyrchu'n rheolaidd i Ddyffryn Tywi. Yn ddieithriad bron yn ystod yr ymweliadau rheini byddwn yn rhoi tro o gwmpas canolfan hynafolion *The Works* ar waelod y dref ac, yn amlach na pheidio, yn ildio i'r demtasiwn o brynu rhywbeth neu'i gilydd – pethau nad oes mo'u hangen arnom mewn gwirionedd ond eu bod wedi digwydd mynd â'n ffansi ar funud gwan fel petai.

Yn ystod un o'n hymweliadau diweddar fe drawodd llygaid fy ngwraig ar eitem oedd wedi ei gosod mewn safle beth o'r neilltu yno, ond un a aeth â'n bryd yn llwyr er hynny.

'Edrych,' meddai, 'dydi o'n drueni bod y math yma o beth yn cyrraedd lle fel hyn yn y diwedd? Mae'r cyfan mor oeraidd rywsut . . .'

Eitem ar stondin CJC, rhif 14 oedd hi, heb yr un manylyn yn ei chylch, dim namyn label wrth gatyn o linyn yn nodi'n swta – *an old Eisteddfod Crown* – ac yna'r pris.

'Mi ddown ni'n ôl ati ar ôl gweld beth arall sydd yma,' atebais innau'n wyliadwrus, 'cystal i ni beidio â gwneud dim byrbwyll rhag i ni ddifaru.'

Wedi'r cwbl, yn nhŷ *The Works* yn Llandeilo y mae llawer o drigfannau a buom am dri chwarter awr a rhagor yn ffowla o 'stafell i 'stafell – heb ddod o hyd i undim arbennig arall chwaith.

Roedd cwpwl o Saeson digon stwrllyd yn snwyrian o'i chwmpas hi erbyn i ni ddychwelyd – y wraig yn cael hwyl fawr ar osod y goron ar ei phen gan holi ei gŵr yn goeglyd – 'Would this make me look like a true Welsh bard I wonder? ' neu rywbeth i'r perwyl.

'Go brin y basa fo 'ngenath i,' ebychais innau dan fy ngwynt â'm gwaed yn dechrau berwi, 'prin fod gennyt ti ddigon rhwng dy glustiau weldi.'

Gwyddwn mai dyna'r math o dynged a fyddai yn ei haros pe disgynnai crair diddorol o'r fath i ddwylo anwar. Ei defnyddio efallai fel prop mewn pantomeim, yn goron ar ben y brenin drwg, neu fel addurn i ryw Philistiad dienwaededig mewn carnifal neu barêd ffansi. Onid oeddwn wedi gweld medal ddrama a enillwyd yn Eisteddfod Môn unwaith yn dioddef amarch nid annhebyg.

Roedd rhywun, rywle, rywbryd, maentumiais wedi gwastraffu gormod o'i ynni, wedi llafurio'n llawer rhy galed, wedi chwysu a stachu a phendroni wrth ymgodymu â'i awen, wedi treulio oriau digwsg uwchben ei greadigaeth arobryn, i'w wobr yn y diwedd weld terfyn mor ddinod, mor iselwael, mor ddianrhydedd.

A dyna ei chipio o dan eu trwynau a mynd â hi at y dyn oedd piau'r drol – o leiaf Reolwr y sefydliad – i holi tybed pa ostyngiad y gallai ei gynnig ar y pris a nodwyd. (Peth ffôl wedi'r cwbl yw derbyn y pris cyntaf yn slafaidd. Rhaid anelu bob gafael at ddeg y cant o leiaf o ras!) Er nad hawdd unrhyw adeg wrth reswm yw tynnu gwaed o garreg! Ond, ar ôl dygn fargeinio fe lwyddwyd! Nid i achosi rhaeadr o waedlif mae'n wir, ond i gytuno ar bris oedd yn ddigon derbyniol gan y naill ochr fel y llall. Dydw i ddim yn amau, cofier, na fyddwn i wedi gorfod mynd yn llawer dyfnach i 'mhoced petai ymdrech wedi ei gwneud i lanhau tipyn arni ymlaen llaw. Yn y cyflwr y'i prynwyd, roedd hi'n hynod ddisglein, yn ymylu ar fod yn felynddu ei lliw, er y gellir cyflawni gwyrthiau rhyfeddol bob amser efo dim ond chwarter llond tun o Silvo neu â Duraglit! Fe wnaed hynny unwaith y cyrhaeddwyd gartre'.

Nid oes awgrym ar ei chyfyl i nodi ym mha eisteddfod yr enillwyd hi, na phryd chwaith y cynhaliwyd yr union eisteddfod honno. Prin efallai ei bod yn goron genedlaethol canys nid yw nod cyfrin Gorsedd Beirdd Ynys Prydain arni. Ond wedyn, o ystyried, ni osodir y nod cyfrin ar bob coron genedlaethol chwaith. Beth bynnag am hynny mae o wneuthuriad hynod gain mewn plât arian, yn eitha' trom ei phwysau a chyda'r symbolau Cymreig, y delyn, y ddraig, y genhinen, dail y dderwen a'r fesen mewn boglynwaith celfydd o'i chwmpas a chyda meini o liwiau emerallt a saffir a rwbi yn disgleirio hwnt ac yma. Onid coron genedlaethol, allai hi tybed fod yn un o hen goronau buddugol ryw eisteddfod daleithiol go bwysig, un Môn dyweder, neu Eisteddfod Powys? Dyn yn unig a ŵyr.

Ac eiddo pwy oedd hi'n wreiddiol? Yr un math o ateb a geir bron yn ddieithriad o holi unrhyw werthwr ynghylch hanes gorffennol unrhyw grair ac ni thaflwyd llawer o oleuni ar y mater yn Llandeilo chwaith –

> 'The only thing that I am prepared to tell you is that it came from a house clearance in the Swansea area.'

Ond pwy yn ardal Abertawe, a phle yn ardal Abertawe, nid oedd modd gwybod. Ai bardd bregethwr tybed? O rengoedd y dosbarth hwnnw yn amlach na pheidio yr hanai beirdd y cyfnod a fu. Neu brifathro ysgol gynradd hwyrach? A beth fu ei ddiwedd? Ai marw'n ddiblant a dideulu? A fu raid gwerthu holl eiddo'r truan i dalu am ei gadw mewn cartref preswyl? Cwestiynau na cheir o bosib fyth atebion iddynt a'r siawns o ddod o hyd i unrhyw gliw yn ei chylch mor anodd â chanfod y nodwydd honno mewn tas wair. Onid oes gan rywun, rywle ryw arweiniad i'w gynnig. Fe holodd rhywun ai dyma tybed y goron a wystlwyd gan Dewi Emrys wedi iddo ei hennill yn Eisteddfod Genedlaethol Abertawe yn 1926? Byddai hynny'n sicr wedi bod yn dipyn o sgŵp. Ond er dilyn y trywydd hwnnw beth o'r ffordd, buan y darganfuwyd nad yr un honno oedd hi chwaith.

Ond does dim dwywaith na chaed gwefr fawr o'i hennill unwaith. Bu'n foment lachar, yr awr felysa' rioed i'r enillydd. Fe'i coronwyd yn ôl braint a defod, mewn rhwysg ac mewn bri, a does dim sy'n sicrach nad etifeddodd ei wobr safle o anrhydedd am flynyddoedd wedyn mewn cwpwrdd gwydr ystafell ffrynt yn rhywle, ar dop y dresar yn y parlwr gorau, neu ar silff rhyw stydi, cyn i mi 'mhen cenhedlaeth neu ddwy neu ragor wedyn ddod o hyd iddi'n ddigon gwael ei llun a'i lliw yn llechu'n ddiymgeledd yn un o'r 'stafelloedd cefn yng nghanolfan gwerthu hen greiriau *The Works* yn Llandeilo.

Erbyn hyn, fodd bynnag, fe'i symudwyd un can milltir a rhagor i fyny i'r gogledd. A bellach fe ddechreuodd ymgartrefu yn Eifionydd lle derbynia'r parch a'r anrhydedd sy'n ddyledus iddi. Nid mor wael ei llun a'i lliw mwyach chwaith. Gorwedd ar glustog felfed borffor wedi ei gweddnewid yn llwyr. Ydi, mae'n syndod cymaint o wyrthiau y gellir eu cyflawni gyda dim ond y mymryn lleiaf o Duraglit!

'RHEN BÂR

Un o'r allorau niferus yn Athen meddir, y sylwodd yr Apostol Paul arni ar ei ymweliad â'r ddinas yn ystod ei ail daith genhadol oedd honno i ryw fod nas adwaenent ond, er nad adwaenent mohono, roedd gan bobl Athen er hynny gryn feddwl ohono. Alla' inna chwaith ddim honni unrhyw adnabyddiaeth bersonol o 'Rhen Bâr, ond fel y down i glywed mwy o'i hanes teimlwn 'mod i rywsut yn closio'n nes ato. Wnaeth ein llwybrau ni'n dau erioed groesi. Welais i mo'no yn fy mywyd. O'r braidd 'mod i wedi 'ngeni pan ymadawodd o â'r fuchedd hon; a chlywais i ddim ond un person byw bedyddiol arall yn crybwyll ei enw, heb sôn am hawlio'r un berthynas ag o. Gan hynny, hwyrach mai cryn ryfyg ar fy rhan yw ceisio ei bortreadu yn hyn o druth.

    Emlyn Jôs, drws nesa' acw gynt, oedd fy unig ffynhonnell. Fe soniais am Emlyn ambell dro o'r blaen, y cymydog rhyfeddol, y gŵr pwyllog, y blaenor selog, y golffiwr medrus, y tenor peraidd, y cawsom y fraint o gael ei gwmni dan yr unto inni yn ystod ein blynyddoedd cynnar ym Mhorth-y-gest. Hanai o Lanberis, un o lawia penna'r T. Rowland Hughes ifanc, 'Tomi Well Street', chwedl yntau. Fe fu'r ddau yn ddisgyblion yn nosbarth Kate Roberts pan fwriodd hi dymor byr fel athrawes yn Ysgol Dolbadarn –

> 'Mi rydach chi'n rhyw biltran sgwennu am hen gymeriada' tydach William?' sylwodd Emlyn un tro.
> 'Fe fydda i'n rhoi rhyw gynnig arni amball waith,' cytunais yn ochelgar.

'Mae gen i ddeunydd ffyrst clas i chi.'

'Duwch, tybad?'

'Pam na sgwennwch chi am hen ewyrth i mi, 'Rhen Bâr fel roedd pobl yn 'i'nabod o. Dyna i chi gymeriad.'

'Ama dim nad oedd o,' atebais, 'ond fedrwch chi ddim mynd dan groen yr un cymeriad heb fod gennych chi adnabyddiaeth go drylwyr ohono'ch hun; a doedd gen i ddim. Dyna'r anhawstar rydach chi'n dallt?'

Ond doedd Emlyn ddim yn awyddus i ddeall!

'Twt lol,' taerodd, 'mi gewch 'i hanas o gen i ac mi gewch chitha sgwennu'r cyfan i lawr ylwch. Mi fasa'n biti i greadur mor hynod fynd yn ango' a heb fod rywun yn sôn amdano, rywle.'

A llawer tro wedyn yn ystod ei fynych ymweliadau â'r aelwyd acw fe fynnai mater yn hen ewyrth godi ei ben –

'Dydach chi byth wedi mynd ati nac ydach? Wel, 'ch collad chi ydi o frawd . . .'

Eithr un noson, a minnau hwyrach mewn cyflwr meddwl oedd yn barotach i wrando, gadewais iddo ddweud ei ddweud, wrth i mi sgriblo bras nodiadau o'r cyfan. Bu'n traethu'n huawdl am awr a rhagor –

'Dyna chi bellach,' cyhoeddodd, 'mae gynnoch chi chwaral go gyfoethog i gloddio ynddi rŵan. Ewch ati ar bob cyfri . . .'

Ond wnes i ddim. Aeth Emlyn i'w fedd ers un deng mlynedd a rhagor, yr un modd y nodiadau a gedwais innau, aethant hwythau hefyd ar ddifancoll, o leia, nes i mi'n gwbl ddamweiniol yn ddiweddar, fel y bydd rhywun weithia wrth chwilio am rywbeth arall, ddod o hyd iddynt yn llechu ym mhlygion hen, hen gyfrol clawr lledr nad oeddwn i wedi ei darllen yn fy mywyd erioed, *Gweithiau Flavius Josephus* o bob dim. Dyn yn unig a ŵyr o ble cefais i'r fath gyfrol na beth ar wyneb daear oedd y nodiadau ar 'Rhen Bâr yn eu gwneud yn cuddio yn ei phlygion. Prin fod Flavius Josephus ac yntau yn ieuad rhy gymharus!

Eisteddais i lawr i geisio darllen y nodiadau'n ystyriol, er 'mod i ar brydiau yn cael dirfawr drafferth yn ceisio dehongli fy llawysgrifen fy hun. Nid y dylai hynny fod o unrhyw syndod i rai o'm cydnabod chwaith. Maent hwy wedi tybio ers rhai blynyddoedd ei bod yn llawer haws dehongli hieroglyffau'r hen Aifft; ond fe geisiais roi trefn arnynt ac, er fy mod yn dal i daeru na ddichon neb bortreadu unrhyw gymeriad heb fod ganddo yn gyntaf adnabyddiaeth lwyr o'r gwrthrych, penderfynais o leiaf wneud cofnod ohonynt yma, petai hynny ddim ond o ran parch â choffadwriaeth cymydog hoff a oedd yn ei ddydd mor awyddus i rywun, rywle, draethu llên ei hen ewyrth, ar ddu a gwyn.

Ganwyd 'Rhen Bâr rywbryd ym mhedwar degau cynnar y bedwaredd ganrif ar bymtheg. Ef oedd yr ieuengaf o dorllwyth o un ar ddeg. Hanai'r teulu o ardal Pentreberw ym Môn ac, fel llu o rai tebyg iddo, bu yntau'n gweini ffarmwrs am blwc cyn ymuno, yng nghwmni un neu ddau o'i frodyr, â'r fintai newynog honno o Ŵyr y Medra – llafurwyr a Philistiaid anniwylliedig yng ngolwg pobl Arfon – i groesi'r Bont i ennill eu tamaid ym mro'r chwareli. Ardal Llanberis oedd eu dewis ac yn y fro honno y treuliodd yntau weddill ei oes hynod faith.

Cawsai rywbryd yn ystod ei flynyddoedd cynnar ddamwain a adawsai ei hôl arno gan beri fod un goes iddo yn ferrach na'r llall. Effeithiai hynny ryw gymaint ar ei gerddediad. Bwriai ei droed dde yn ei blaen a'i gollwng yn glep sydyn ar lawr cyn rhoi'r cam naturiol nesa' gyda'r chwith. Wan down, carri wan, oedd disgrifiad pobl o beth felly.

Yn wir, cyn i rywun ddod i gyfarfod 'Rhen Bâr ar y stryd – yn arbennig os oedd yn gwisgo clocsia', byddai'r anghytgord yn sŵn ei badlio yn ddigon i brofi i bawb ei fod rywle ar y ffordd!

Stwcyn canolig ei faint oedd o, ei wallt, pan oedd gwallt ganddo, yn frych a chyrliog, ei aeliau'n drwchus, ei ddau lygaid glas yn pefrio a'i wyneb llawn a gwritgoch, yn ôl tystiolaeth Emlyn, yn sgleinio fel fasalîn, wrth iddo siriol wenu yn ddi-ên a di-wddw ar bawb yn ddiwahân; eitha' glandeg ar un wedd, oni bai fod mwstásh trwchus a fargodai dros ei wefus ucha' yn tynnu peth oddi arno, yn arbennig mewn blynyddoedd diweddarach pan oedd wedi ei staenio'n frown gan sudd baco.

Gallai gofio digwyddiadau mor bell yn ôl ag achlysur suddo'r *Royal Charter* ar yr ofnadwy nos honno yn 1859. Roedd o'n llafn deunaw ar y pryd. Yn llawn chwilfrydedd, ddeuddydd wedi'r storm, fe gerddodd o Lanberis i Foelfre i weld olion yr alanas, a hefyd, mae'n ddiamau, yn y gobaith y byddai rhai o'r sofrenni a olchwyd i'r lan yn croesi ei lwybr yntau!

Bu'n dyst i gludo'r cyrff i Eglwys Llanallgo. Yr un pryd, hoffai adrodd am unig fab i ryw wraig weddw yn yr ardal a oedd, fel yntau, wedi rhoi ei fryd ar roi ei bump ar ran o'r ysbail, yn wir un a oedd eisoes wedi cael gafael ar dyrnaid go dda o sofrenni. Y drwg, yn achos y llanc hwnnw, oedd fod ryw blismon craff wedi ei weld yn cyflawni'r anfadwaith ac wedi ei ddilyn gartref, ond yr oedd hen wraig ei fam wedi rhoi un cam o flaen yr heddgeidwad busneslyd. Unwaith y rhuthrodd ei mab i'r tŷ, cythrodd hithau yn y sofrenni a'u bwrw i'r tebot oedd yn sumro'n llawn te ar y pentan. Er chwilio a chwalu 'mhob twll a phob cornel ni ddeuwyd o hyd iddynt a bu raid i'r glas adael â'i gynffon rhwng ei afl. Cynigiwyd panaid o de o'r tebot iddo cyn ymadael eithr gwrthod wnaeth o! Diamau mai hanesyn a oedd mewn cylchrediad ar glociau'r glep yn yr ardal oedd hwnnw ond mynnai 'Rhen Bâr – er mai 'Pâr Ifanc' oedd o bryd hynny – iddo glywed y stori o enau'r llanc hwnnw ei hun.

I gerddwr mor abl, doedd dim dau gam a naid rhwng Moelfre a Llangefni ac yno y cyrchodd nesaf, i dreulio'r nos Sadwrn cyn dychwelyd gartref. Am ei fod mor sychedig, trodd i mewn i'r *Llew Du*, ac yno yr arhosodd tan amser cau, nes ei fod wedi meddwi'n chwil gaib. Cymerwyd trugaredd arno gan ddwy o lafnesi lleol oedd yn gwasanaethu yn y dafarn ac fe'i llusgwyd yn anymwybodol i'w llofft a'i osod yno ar y gwely. Oddeutu pedwar o'r gloch y bore fe ddeffrodd o'i drwmgwsg a chafodd andros o fraw o'i gael ei hun yn gorwedd rhwng y ddwy! Sleifiodd oddi yno wedi sobri gorff ac enaid gan ymbalfalu'n ffrwcslyd i wisgo'i drowsus (er nad oedd ganddo'r un co' ohono'n ei ddiosg y noson cynt chwaith!) a'i sgrialu hi nerth ei draed am allan, a'i gwneud hi'n ôl i dŷ ei frawd yn Llanberis lle'r ymgartrefai.

Ei cherdded hi bob cam i'r Sowth dro arall, taith dipyn hwy na honno dros y Bont i Foelfre a Llangefni. Y bwriad oedd chwilio am waith yn un o'r pyllau glo, ac ni chafodd drafferth yn y byd i gael bachiad chwaith, er mai byr odiaeth fu ei dymor yno, tair wythnos yn unig. Ymhlith pethau eraill, ni allai'r hen lanc cysetlyd ynddo ddygymod â'r orfodaeth feunosol o stripio'n dinoeth ar gyfer y twb ar lawr y gegin tra bod mistras y tŷ lojin, ynghyd â'i dwy ferch yn mynd ac yn dod gan rythu arno fel pe na baent wedi gweld undim tebyg yn eu hoes. A hwyrach nad oedden nhw wedi gweld undim tebyg o'r blaen chwaith, ymffrostiai yntau'n ddiweddarach, pan oedd yn ddigon rhydd o'u gafael! O leia' dim o'r fath galibr ag y gallai ef ei arddangos beth bynnag! Ond yn ei funudau gwan fe sylweddolai'n burion mai dim ond hen wraig ei fam, flynyddoedd maith ynghynt, a'i gwelsai yn yr union gyflwr hwnnw, a doedd o ddim am i neb gymryd stoc ohono fel pe bai'n darw sioe, hyd yn oed os oedd o, yn ei farn ei hun felly, wedi ei gynysgaeddu â gwaddol mor sylweddol! O fewn y mis roedd yn ôl yn Llanberis, ei draed yn sgaldian, ond gyda'i argyhoeddiad yn sicr, na fyddai raid iddo ymagweddu'n noeth fel pennog o flaen yr un enaid arall byth mwyach.

Cwt yr injian oedd ei bencadlys yn y chwarel ac ar ei ysgwyddau digon llydan o y gorweddai'r cyfrifoldeb i ofalu am y peiriant a'i yrru i dynnu'r wagenni trwmlwythog o gerrig o'r twll i'w gweithio ar y bonc. Fu ef erioed yn weithiwr cerrig ei hun. Nid crefftwr wedi'r cyfan ydoedd, eithr llafurwr, ac ni adawyd iddo 'rioed anghofio'r ffaith ddiymwad honno. Pa obaith, wedi'r cwbl, oedd gan un a gafodd gychwyn mor ddistadl yn gweini ffarmwrs ym mherfeddion Môn i'w ddyrchafu'n grefftwr yn un o chwareli

Arfon? Er hynny, fe gyflawnai'r gorchwyl a ymddiriedwyd iddo gyda graen, yn fawr ei ofal o'r injian, yn ei chadw'n lân ac yn rhwbio a rhwbio'r rhannau pres arni i sicrhau fod tragwyddol sglein arnynt. Yno hefyd, yn y cwt efo'r injian, y bwytâi ei ginio bob dydd gan rannu'r briwsion oedd yn weddill ar waelod ei dun bwyd â'r llygod llwglyd oedd yn feunyddiol heidio ar eu cythlwng o gwmpas ei draed. Weithiau, byddai wedi gwlychu 'dat y croen cyn hyd yn oed gyrraedd ei waith, ac yn ei garpiau gwlybion yr arhosai weddill y dydd. Y syndod oedd na châi fyth annwyd. Bu'n bechadurus o iach gydol y blynyddoedd.

Fe ddangoswyd yr un gwytnwch ganddo pan gollodd ddarn o'i fys mewn damwain yn y gwaith. Roedd y 'pot coffi' yn pydru mynd drwy'r twnnel cul un diwrnod ac yn poeri mwg yn rhodresgar ar ei ffordd i'r bonc, pan ddaliwyd y gyrrwr yn hepian ac y gwasgwyd ei law rhwng corn yr injian a tho tywyll y twnnel. Breciodd am ei hoedl ac, i gyfeiliant rhegfeydd oedd yn gwreichioni'n wynias drwy'r awyr, baciwyd i olau dydd i weld maint y difrod. Dawnsiai mewn poen gan riddfan dros y lle –

'Fy macha! Fy macha bach i . . .'

o ganfod fod un o'i fysedd yn hongian wrth y gïau tra bod pennau'r gweddill wedi eu ffrio'n ddu. Ffrydiai'r gwaed dros bobman, er y gwrthodai ef yn bendant â chaniatáu i'r un creadur fynd i chwilio am gymorth iddo chwaith. Yr unig ryddhad a gâi oedd drwy uffarneiddio popeth o'i gwmpas, gyda'r hen injian yn ei chael hi waethaf . . .

'Y . . . y . . . y . . . coffi pot diawl . . . y bastad uffar . . .'

Wedi tywallt ohono ei holl felltithion ar yr hen injian, edrychodd yn synfyfyrgar ar y bys archolledig gan roi plwc go egar yn y darn oedd yn hongian nes ei ryddhau, a chyn ei stwffio wedyn i'w boced, ond gan gydio mewn darn o hen glwt gerllaw, er bod hwnnw yn olew drosto, a'i lapio am y briw. Yn gwbl ddiseremoni wedyn, amneidiodd ar Wil, y taniwr, ei bod yn hen bryd iddynt ailgychwyn. Diau fod y boen wedi bod yn arteithiol, ond fe ddaliodd ati'n wydn tan y caniad.

'Mi ges ryw anffawd fach y bora 'ma,'

sylwodd yn ddigon didaro ar ôl swper, gan ddiosg y clwt i gael cip ar yr archoll a chan estyn y darn bys colledig o'i boced a'i osod o'i flaen ar y bwrdd. Fe'i consgriptiwyd yn y fan a'r lle am dŷ'r doctor er ei bod braidd yn hwyr erbyn hynny i hwnnw allu gwneud rhywbeth ynghylch y peth. Am weddill ei ddyddiau, ni fu gan 'Rhen Bâr ond tri bys a hanner ar ei law dde, heb gyfri'r bawd wrth reswm, ond fe arhosodd olion yr ymlafnio â thop y twnnel y rhawg ar hwnnw'n ogystal.

Ni allodd yr un aelod o'i deulu na chwaith neb o'i gydweithwyr erioed ddeall na dehongli rhediad meddwl 'Rhen Bâr yn hollol, nac egluro chwaith beth a'i gyrrai'n ŵr rhesymol i weithio'n ddiwyd a chydwybodol, o fore gwyn tan nos, am fisoedd ar fisoedd, cyn ffrwydro wedyn ryw danchwa o afradlonedd mawr ynddo.

Anaml y gwelid ef i lawr yn y pentre wedi noswyl yn hamddena efo hwn ac arall. Unwaith y dôi adre o'i waith, byddai'n estyn am y tywel, yn diosg ei grys, ac efo lwmp o sebon coch âi i'r cefn i roi ei ben o dan y tap dŵr oer. Yna, ar ôl swper chwarel, dychwelai i'w gadair freichiau i dynnu'n dawel yn ei getyn. Ni chyfrannai ryw lawer at y sgwrs ar yr aelwyd, dim namyn porthi a gwrando a nodio ei gymeradwyaeth ar dro. Weithiau, byddai'n darllen ei Feibl gyda chymorth chwyddwydr, gan sillafu ambell air go anodd yn llafurus mewn sibrydiad uchel. Nid ei fod yn greadur crefyddol chwaith. Dilyn yr Achos o hirbell y byddai, capelwr hynod achlysurol. Yr un pryd gofalai ei fod yn mynd i glwydo'n gynnar, dim hwyrach na hanner awr wedi wyth ar unrhyw noson.

Enillai oddeutu sofran a hanner yr wythnos o gyflog. Âi hanner y swm at ei gadw, ei fwyd a'i olchi ac ati, a châi'r gweddill ei gelcio'n ofalus mewn cornel o'r gist llongwr a oedd bob amser ar glo ar lawr ei lofft. Dim ond gan wraig y tŷ, ei chwaer yng nghyfraith, yr oedd yr hawl i gael mynediad i'r Cysegr

Sancteiddiolaf hwnnw, ar yr amod nad oedd hithau chwaith i ymdroi yno. Dim ond i wneud ei wely bob bore ac i erlid ambell lwchyn unwaith yn y pedwar amser.

Treuliai gyfnodau hirion o warineb pwyllog o'r fath cyn y byddai'n penderfynu, yn ei amser da ei hun, ac am resymau oedd yn wybyddus iddo ef a neb arall, ei bod yn amser am sbri. A homar o sbri a fyddai! Yr arwydd cyntaf fod rhywbeth ar droed fyddai iddo gyhoeddi'n lled ddidaro wedi brecwast ar fore Sadwrn –

'Fydda fo'n ddim gin i bicio i'r Dre 'rôl cinio, mae gin i angan trin fy wats . . .'

Gwisgai'n swelyn yn ei siwt syrj nefi blŵ, cadwyn aur ar draws ei wasgod a het galed am ei ben cyn ei chychwyn hi'n dalog am Gaernarfon efo'r trên ddau. Eithr yn ofer y disgwylid iddo ddychwelyd fel pawb parchus arall ar y trên naw. Byddai'n berfeddion bore Sul arno'n cyrraedd gartref, wrth iddo gwympo'n stwrllyd ar ei wyneb ar stepan y drws, a chan ddeffro'r holl stryd, a'i frawd druan, mewn strach, yn ceisio ei lusgo i'w wely. A doedd hynny yn ddim ond dechrau gofidiau. Ni fyddai sôn am waith fore trannoeth ; cysgai fel twrch tan wedi hanner dydd gan droi allan i ddiwallu ei syched tan yn hwyr y noson honno wedyn; a'r un patrwm am weddill yr wythnos, sbri, yn dilyn sbri, yn dilyn sbri.

Ar y nos Wener dôi'r Stiward heibio i'w rybuddio na fyddai gwaith ar ei gyfer oni welid ef yn brydlon yn y chwarel ddechrau'r wythnos ddilynol; ond ni welid mohono'n twllu drws cwt yr injian am sbel go dda wedyn chwaith. Roedd hi'n llawer rhy gynnar i'r sbrioedd gyrraedd eu penllanw. Rowliai'n ôl i'r tŷ bob awr o'r nos, yn hwyliog a ffraeth, gan addo popeth i bawb, a thra bod ei chwaer yng nghyfraith yn chwythu bob mathau o fygythion a chelaneddau. Yn y diwedd byddai raid i un o'r teulu gyrchu i orsaf yr heddlu i ymbil ar y plismon i sibrwd yng nghlustiau pob tafarnwr i wrthod rhoi rhagor o ddiod iddo. Ond nid oedd hynny chwaith yn tycio'n llwyr. Tra parhâi'r arian byddai 'Rhen Bâr yn hurio cert a cheffyl i'w gludo mewn steil i Nant Peris neu i unrhyw dŷ potas oedd yn barod i agor ei ddrws iddo, yn y pentrefi cyfagos.

Ymhen hir a hwyr, ac yn ei amser da ei hun, fe ddywedai wrth ei frawd –

'Rho w'bod i'r Stiward 'nei di y bydda i'n ôl bora fory . . .'

Ac yn ôl yn brydlon y byddai, gryn awr cyn y caniad. Ofynnai neb yr un cwestiwn iddo. Soniai yntau'r un gair am y peth ac ni welid mohono'n cyffwrdd yr un diferyn am yr rhawg. Am y ddwy neu dair blynedd nesa, doedd neb sobrach na glanach ei fuchedd yn yr holl ardal. Dim nes bod pawb wedi hen, hen anghofio am yr un flaenorol y teimlai'r ysfa drachefn ac y cyhoeddai wrth y bwrdd brecwast ar fore Sadwrn arall –

'Fydda fo ddim gin i bicio i'r dre 'rôl cinio, mae angan trin yr hen wats 'ma arna 'i.'

Roedd wedi cyrraedd oed yr addewid cyn y penderfynodd roi'r gorau iddi yn y chwarel, ond bu fyw am ugain mlynedd arall wedyn. Erbyn hynny aethai'r sbrioedd yn bethau tra anfynych. Piciai ambell ddiwrnod i eistedd ar y fainc ger y llyn i gael sgwrs efo hwn ac arall a hefyd, yn annisgwyl hwyrach, magodd chwaeth at fynd i'r pictiwrs yn achlysurol i weld llun cowboi; er mai yn ei gadair y gwelid ef amla', canys yno yr oedd fwyaf dedwydd ei fyd.

Wedi swper ar nos Sul galwai Brinli Tomos, organydd y capel, heibio, ac fe ymunai gweddill y teulu o gwmpas yr organ fach i ganu ambell gân tra bod 'Rhen Bâr, o'i gadair yn y gornel, yn amneidio ar Emlyn – 'Cana'r *Hen ŵr* i mi Em,' – yr un cais yn gyson ddi-feth bob tro. Roedd ganddo feddwl mawr o Emlyn. Onid ei nai oedd sglaig y teulu, un a oedd wedi cael dwy flynedd o goleg ac wedi pasio'n ditsiar! Erbyn hynny roedd Emlyn yn byw yn y Port ond dôi adre ar ei fotobeic i fwrw pob Sul. Unwaith y cyrhaeddai âi 'Rhen Bâr â'r A.J.S. i'r sied yn y cefn lle cydiai mewn brwsh a'i ddipio mewn paraffîn i lanhau'r peiriant gyda'r un trylwyredd sgleiniog ag y gofalai am y 'coffi pot' gynt yng nghwt yr injian yn y chwarel.

'Gwna i 'neno'r tad, mi cana hi i chi,' atebai Emlyn, 'dim ond ar un amod, na wnewch chi ddim torri i lawr fel y gwnaethoch chi nos Sul dwytha, a'r un cyn hynny, a'r un cyn honno. Does 'na'r un diben i chi gynhyrfu'ch hun, nac oes rŵan?'

'Dim peryg yn y byd 'ngwas i,' gwaredai yntau, 'cana hi, bendith y tad i ti, tara'r *Hen ŵr* i mi Em bach.'

Rhoddai Emlyn wedyn amnaid ar yr organydd i daro'r *Hen Gerddor* –

> 'Hen ŵr eisteddai wrth y tân,
> Ei farf yn llaes a gwyn
> A hiraeth yn ei lygaid pŵl . . .'

Fel yr elai'r tenor ifanc i ysbryd y gân gwelid 'Rhen Bâr yntau yn estyn am ei ffunen poced i sychu deigryn yn dawel, er ei fod yn mwynhau'r cyfan ac yn ei seithfed nef. Ac wrth droi am ei wâl un nos Sul, toc wedi'r ddefod wythnosol honno, a chyda seiniau'r *Hen Gerddor* yn dal i atseinio yn ei glustiau, y bu farw. Mynd fel diffodd cannwyll, yn ddeg a phedwar ugain, heb fod yn drafferth i neb.

Rywsut fel yna y clywais ein cymydog drws nesa yn traethu llên hen aelod o'i deulu. Gresynu rydw i bellach mai cymeriad nas adwaenwyd oedd o i mi ac na chefais innau hefyd y cyfle i'w 'nabod.

ANNWYL SANTA ...

Ymhlith lluoedd dirifedi o bethau eraill, tymor dangos hen, hen ffilmiau ar deledu yw'r Dolig a does dim dwywaith na ddaw cyfle y tro nesa eto, am y canfed tro, i ymborthi ar y bwydydd glwth a gynigir gan y ffefrynnau poblogaidd, *Pont Dros Afon Kwai, Mary Poppins, Doctor Zhivago, Lawrence o Arabia, Indiana Jones, Chitty Chitty Bang Bang* a'u siort. Dyna'r bytholwyrdd *Gigi* wedyn, gyda'r hen batriarch annwyl hwnnw, y diweddar Maurice Chevalier, yn ei ffordd ddigymar ei hun yn slyrio'i gytgan –

'*Thank heaven ...*
Thank heaven for little girls ...
For little girls get bigger every day ...'

Wrth i'r hen flynyddoedd 'ma bellach brysuro i garlamu rhagddynt ac i un Nadolig fynd ac i un arall ddod, choelia' i fyth nad yw geiriau'r hen gytgan hwnnw yn mynnu loetran a chorddi fwyfwy yn y meddwl, yn enwedig mi gredaf ymhlith y canol oed, ac yn fwyaf penodol y cyplau rheini y mae eu plant eisoes wedi, neu ar fin gadael y nyth. Rydw i'n weddol sicr y bydd y brîd hwnnw yn teimlo eu bod ar yr un donfedd â mi ac yn amau hwyrach a oes ddiben mewn gwirionedd rhoi diolch am y fath beth – rhoi diolch bod eu hepil yn tyfu ac yn rhoi heibio eu pethau plentynnaidd.

Ystrydeb hwyrach, ond gwireb yr un pryd, yw datgan mai amser i blant ydi o. Dydi Dolig ddim yn Ddolig heb blant meddir, ac yn fy nydd fe rygnais innau lawer ynghylch y gwirionedd hwnnw.

Coffa da am yr hwyl a'r miri ar yr aelwyd acw pan oedd Santa'n BOD. Blynyddoedd prin, er ein bod ni hyd yn oed bryd hynny wedi rhagweld na fyddai pethau'n aros felly'n hir chwaith. Yn hwyr neu'n hwyrach, gwyddem y dôi'r dyddiau blin, y rhai na fyddai unrhyw ddiddanwch ynddynt, pan fyddai'r ddau a fu'n gredinwyr mor frwd wedi troi yn anghredinwyr rhonc.

Doeddem ni ond yn ei haros hi a buan y dechreuodd y craciau ymddangos. Rwy'n cofio mynd i'w llofftydd nhw am wyth o'r gloch un bore'r ŵyl. Ar y pryd roedd yr ieuenga'n ddeuddeg a'r hynaf ychydig dros ei thair ar ddeg –

'Hei, symudwch hi lats, anogais, wrth ddal i ddymuno parhad y gêm gogio, 'codwch i edrach a ydi o wedi bod.'

Ond roedd hen siniciaeth yn prysur afael ynddynt erbyn hynny.

'Chwarae teg, dad, rydw i isio cysgu,' oedd ymateb digon piwis y naill wrth iddo droi â'i wyneb tua'r pared. *'Big deal!'* ebychodd y llall cyn ychwanegu'n snoti – 'iawn os wyt ti isio cweilio'r peth, ond plîs, paid â bod yn bôr, gad lonydd i mi . . . '

Dair neu bedair blynedd ynghynt fe fuasent wedi bod ar eu traed ers oriau lawer, ond y dynged a'n hwynebai ni rieni cystuddiol bellach oedd yr orfodaeth i hiraethu am y diniweidrwydd coll ac i ddwys fyfyrio uwchben cwpled o eiddo Alan Llwyd,

> 'Nid yw'r wefr ond byr o dro
> Gwefr ddoe'n gyfarwydd heno . . .'

A doedd hynny'n ddim ond dechrau gofidiau. I ddod yr oedd y sobrwydd terfynol.

Fy mraint a'm cyfrifoldeb i ymhen peth amser wedyn fu gorfod gweithredu am rai blynyddoedd fel Santa ym mharti Nadolig un ysgol gynradd arbennig yng Ngwynedd. Wedi i ddyn weithredu yn y rôl honno am oddeutu tri thymor, fodd bynnag, fe ddechreuodd rhai o'r hen blant, y tacla bach drwg iddyn nhw, weld drwydda i! Dechreuasant ddadlau nad 'Santa Clôs go iawn', chwedl nhwtha, oeddwn i, 'ond gŵr Mrs Ŵan'. Yn wir, aethai un mwy digywilydd na'r gweddill mor bell â 'nghornelu i ym mabolgampau'r un ysgol ar brynhawn chwilboeth o Orffennaf gan ddweud yn giamllyd gyhuddgar – 'Mi gwelwn chi Dolig gnawn? Chi ydi Santa Clôs fa'ma yntê?'

Roedd hi'n awr o argyfwng. Daethai'n rheidrwydd i wneud rhywbeth ynghylch y mater, ac ar y mab acw, llarp o grymffast dwylath, ugain oed erbyn hynny, y syrthiodd y coelbren. Ar ôl cryn berswâd pan gynigiwyd iddo bob mathau o lwgrwobrwyon fe ymatebodd yntau i'r alwad ac fe gytunodd i ymwisgo yn y regalia arferol, cyn ymrithio'n Santa newydd sbon nad oedd beryg i'r un enaid ei adnabod!

Unwaith yr ymddangosodd ar lawr y neuadd i gyfeiliant clychau a sŵn gorfoledd mawr fe sylweddolais innau, gyda chryn falchder tad, fod i mi olynydd tra theilwng. Roedd wedi cymryd at y swydd fel cath at lefrith ac yn ysgwyddo'i gyfrifoldebau arswydus yn aeddfed hyderus! Siaradai'n dadol efo'i gynulleidfa. Codai ambell bencyrliog melyn mwy parablus na'i gilydd ar ei lin i dynnu sgwrs ag o tra llwyddai 'run pryd i leddfu pryderon unrhyw greadur bach gwinglyd a nerfus. Roedd o'n ddymunol, glên a siriol, ond eto'n nawddoglyd batriarchaidd, yn union fel y dylai ymagweddu, eithr o dan y colur edrychai'n rhy drybeilig o ifanc rywsut i fod yn Santa. Mor galed oedd yr orfodaeth i ddygymod â phethau, yn arbennig â'r ffaith ei fod o bellach wedi tyfu'n ddyn, ac wrth i mi fy holi fy hun yn ddigon dryslyd – ' I ble'r aeth yr hen flynyddoedd ma?'

Yr un pryd mynnai *Y Gofaint*, cerdd gan y diweddar Goronwy Wyn Williams, bardd o Borthmadog, wthio i'r cof –

    'Fe geisiwn godi'r ordd o'r llawr
      A tharo gyda hi
    Fy nhad yn of yn nydd ei nerth
      A wenai arnaf fi,
    'Fy machgen gwyn, mae'r ordd yn fawr
      Ac yn rhy drom i ti.'

    Fe lithrodd hanner oes i ffwrdd
      A chydnerth ydwyf fi
    Tebol i godi unrhyw ordd
      A tharo gyda hi –
    Ond nid yw 'Nhad yn cynnal gwaith
      Yr efail gyda mi.

> Fy mhlentyn hynaf heddiw oedd
> Yn llusgo gordd ei Dad,
> Rhy fawr yw hon i grwtyn gwan
> Ond daw i'w lawn ystâd –
> Daw iddo'r dydd i drin yr ordd,
> Af innau at fy Nhad!

Cerdd fach seml hwyrach, ond un sy'n cyfleu gwirionedd oesol. Roedd y cylch wedi rhoi'r tro cyflawn hwnnw yn fy hanes innau, ond wedyn 'rôl ystyried, onid felly'n union y dylai pethau fod yng nghwrs y drefn. Ac oni chlywyd y Parch. Aled Jones Williams, ficar Sant Ioan yma yn y Port, wrth draethu dro'n ôl, yn cyfeirio at y tri chyfnod ym mywyd dyn, sef ei fod yn y cyntaf yn *credu* yn 'rhen Santa, yn *gwadu* ei fodolaeth yn yr ail, ond erbyn y trydydd yn gorfod *cydnabod* mai fo wedi'r cwbl ydi Santa Clôs.

Ymuno'n frwd yng nghytgan 'rhen Chevalier a ddyliwn, mae'n debyg, a'i morio hi'n ddigon ddiolchgar. Nid bod hynny'n hawdd bob amser. Ar un wedd y mae'n drueni fod plant rhywun yn newid ac yn tyfu, er y byddai llawer mwy i'w boeni o'i blegid petaen nhw ddim.

Ond petawn i heno yn cael anfon llythyr cais at yr hen ŵr caredig sy'n gorfod troi allan ar noson ddi-sêr, ddiloergan, ym musgrellni'r flwyddyn i ddosbarthu ei anrhegion, rhywbeth tebyg i'r canlynol fyddai'r rhediad –

Annwyl Santa,

Dydw i ddim isio fawr gynnoch chi bellach – dim ond un peth bach leni beth bynnag.

Cloc faswn i'n lecio ei gael plîs. Does dim angan i chi fynd i'r draffarth i chwilio am un efo lot o ffrils a ffigiaris o'i gwmpas o cofiwch, dim ond 'i fod o'n union 'run fath â hwnnw welis i mewn amgueddfa werin yn Nenmarc ryw dro, yr un bach ciwtia rioed, y math o gloc y mae ei fysedd o rownd y rîl yn troi yn ôl a chitha a finna yn medru symud yn ôl mewn amsar efo fo.

Ac os medrwch chi gael un, rydw i'n addo, wir yr, na wna i ddim swnian, na dŵad ar ych gofyn chi am hir eto – dim ond i chi gofio galw heibio bob nos Dolig o hyn ymlaen i'w weindio fo am flwyddyn arall yntê . . .

• • • •

Ac onid cyfri'n bendithion a ddylem ni oblegid gallai pethau fod yn waeth. Troi allan i fod yn waeth y maen nhw yn hanes rhai. Dyna'r hen grintach hwnnw o efengylwr tanbaid o Gabalfa a sbwyliodd bethau i bawb dro'n ôl drwy ddatgan o'i bulpud, heb flewyn ar dafod, a cherbron cynulleidfa niferus o blant ifanc, nad oedd y fath beth â Santa'n bod. Ffantasi oedd y cyfan medda fo, twyll o'r math gwaethaf, rhywbeth cwbl anghydnaws â'r Efengyl, ac ati, bla, bla, bla. A glywyd erioed y fath heresi? Nid rhyfedd i'r creadur gwirion dynnu nyth cacwn yn ei ben am ferwino clustiau y rhai bach a rhaffu ei gelwyddau; er bod y brawd penstiff yn gwbl anedifeiriol ynghylch ei safiad hefyd. Mi fasa wrth reswm, canys dyna'r teip. Druan ohono.

Y lladron wedyn, maen nhwtha'n brysurach o gwmpas y Dolig nac odid yr un adeg arall o'r flwyddyn. Darllenir am rai o blith y giwed haerllug yn torri i mewn i ambell gartref ac yn sgrialu oddi yno wedi sbydu ohonynt bopeth o dan y goeden.

Trosedd llai hwyrach, ond un eitha' difrifol oedd eiddo Sandi yntau. Labradôr o waed coch cyfan, oedd, yn wir hyd y gwn i, ydyw Sandi, y creadur a wnaeth gymaint o sôn amdano'i hun oddeutu tri Dolig yn ôl. Anifail trachwantus y bu i'w farustra lwyr amddifadu ei berchnogion o'u cinio ac a barodd i un o bapurau'r Gogledd ma, ddeuddydd wedi'r ŵyl, gyhoeddi gyda blas, ac o dan bennawd bras –

Labrador Gobbles up Festive Feast

Treuliasai ei feistres hynaws, gwraig tŷ o Oldham, un Carmel Sandham, dwy a deugain oed, oriau lawer yn paratoi gwledd o basgedigion breision ar ei chyfer hi a'i gŵr, Pete, a chyn iddynt fynd i'w gwlâu Noswyl y Nadolig fe osododd y cyfan yn daclus ar fwrdd y gegin a'i orchuddio dan liain gwyn glân. Byddai'r cyfan yn barod wedyn, yn gwbl barod i'w roi yn y ffwrn fore'r diwrnod mawr. Ac yn ôl pob tebyg, bu i'r ddau gysgu'n braf drwy gydol hir y nos a chael breuddwydion melys odiaeth yn sgil hynny.

Yn y cyfamser, penderfynodd Sandi roi ei gynlluniau ystrywgar ar waith. Yn sgilgar a deheuig, ynghanol y dawel nos, fe lwyddodd i gydio gerfydd ei ddannedd mewn cwr o'r lliain oedd yn digwydd hongian dros y bwrdd, ac yn araf fwriadus fe lusgodd y cyfan at ymyl y dibyn, a throsto, nes bod y cyfan yn un sbleddach ar y llawr ymhobman.

Tros yr oriau nesaf fe'i helpodd ei hun i ddanteithion na freuddwydiasai erioed amdanynt o'r blaen gan leibio i'w gyfansoddiad, yn wir gan storgadjio'r cwbl oll! Pan ddaeth Carmel i lawr y grisiau drannoeth daeth o hyd iddo'n chwyddedig, yn gorlenwi ei fasged, ac yn drwm yng ngafael y syrthni rhyfeddaf.

Y cwrs cyntaf ar ei fwydlen oedd y corgimychiaid; sglaffiodd gryn ddeubwys ohonynt! Yna, claddodd ddau can gram o eog yn wancus cyn dechrau ymosod yn ffyrnig ar dwrci uceinpwys, deubwys o selsig Cumberland, pwys a hanner o facwn, twbyn cyfan o saws afal, dysglad helaeth o stwffin ynghyd â phwysi o datws, moron, pys, ysgewyll a phannas. O fewn chwarter awr, os gellir credu'r adroddiad, eu lle nid adwaenai ddim ohonynt hwy mwyach! I goroni'r cwbl cafodd flas anghyffredin ar gael gwared â phwdin plwm a fuasai'n socian am ddyddiau yn y brandi gorau, heb sôn am ddau garton o hufen, dau ddwsin a hanner o finspeis ynghyd â bocs anferth o siocledi dethol gwlad Belg. Ond, drwy ryw ryfedd ragluniaethol wyrth, ac ar waethai'i chodwm, roedd y botel Port Wein wedi aros yn gyfan. Ni allai hyd yn oed Sandi ei hagor, ac fe gafodd honno lonydd ganddo.

Nadolig fel hynny gafodd Carmel a Pete Sandham o Oldham felly! Un llwm i'w ryfeddu. Doedd fawr ddim y gallent ei wneud. Roedd siop y gornel, a gedwid gan yr hen Indiad, hyd yn oed ar gau wedi'r holl ddyri a hwythau fel canlyniad yn gorfod plygu i hen drefn greulon a olygai eu bod yn bodloni ar ffa pob ar dost a phwdin reis tun i'w cinio. Ond gyda swig neu ddau o'r Port Wein er hynny – 'i olchi'r cyfan i lawr' fel y disgrifir y peth mewn cylchoedd soffistigedig a gwâr.

Tueddu i weld bai, yn wir i bardduo Sandi, 'rhen dlawd, a wnâi gohebydd y papur ac i estyn cydymdeimlad dwys a chyda'r dyfnaf a mwyaf diffuant y gallai cenedl gyfan ei rannu â'r Sandhamiaid trallodus yn eu mawr drueni . . .

Nid bod eu tynged hwy ronyn gwaeth mewn gwirionedd nag eiddo trigolion o Wynedd tua'r un adeg. Fe achosodd y stormydd a'r gwyntoedd cryfion a gaed bryd hynny doriadau hirion ac enbyd, fe gofir, yn y cyflenwad trydan, rai am ddyddiau mewn ambell ardal. Gorfu i rai teuluoedd anffodus hwythau fodloni ar ffa pob ar dost a phwdin reis o dun a chan weld eu twrcïod a'u trimins, o'u difetha, yn cael eu taflu i gŵn oedd filwaith fwy blysig nag a fuasai Sandi druan erioed.

Er mai ei chael hi fymryn yn anodd y mae dyn ar derfyn truth fel hwn i ymatal rhag ychwanegu y gwyddys am rannau o'r hen fyd dyrys hwn ple byddai eu trigolion yn fwy na pharod i groesawu ffa pob ar dost a phwdin reis o dun i'w cinio Dolig. Mae'n ddiamau y byddent hwy yn ystyried gwledd o'i bath yn un faethlon ryfeddol, hyd yn oed pe na bai ar gael yr un diferyn o Bort Wein nac o sieri Emva Cream, os goddefer yr union erthyl o idiom eilwaith, ' i'w golchi i lawr', chwaith . . .

> 'Cofia'r newynog Nefol Dad
> Filiynau trist a llesg eu stad.'

HELYNTION Y FONA LEUSA

Ceisio lladd amser wrth aros fy nhro yn nhŷ'r doctor yr oeddwn i ac wedi cydio mewn rhyw gylchgrawn neu'i gilydd ac yn troi'r dalennau yn ddigon diamcan pan drawodd fy llygaid ar bennawd bras un o'r erthyglau – *The Greatest Art Theft Of All Time*. A dyna ddechrau darllen gan lwyr ymgolli mewn dim o dro yn hanes lladrad y Mona Lisa o'r Louvre ym Mharis yn Awst 1911.

Rhywbryd rhwng 1503 a 1506, yn ôl y dystiolaeth, yr aeth Leonardo ati i baentio'r llun enwog, er nad oes sicrwydd pwy yn union oedd y gwrthrych chwaith. Credir gan rai mai Lisa Gherardini, gwraig i swyddog o ddylanwad o Fflorens, Francesco di Bartolemmeo de Zanobi del Giacondo oedd hi, a dyna pam y mynnai'r Eidalwyr bob amser gyfeirio ati fel *La Giaconda*. Nage wir, medd eraill wedyn, un o edmygwyr da Vinci ei hun, ryw Isabella d' Este oedd hi. Byddai hynny'n egluro pam y gwrthodai Leonardo, ar y cychwyn beth bynnag, werthu ei gampwaith i neb. Dim ond pan gynigiwyd pedair mil o ddarnau aur amdano gan ei noddwr Ffransis 1 o Ffrainc y newidiodd ei feddwl. Roedd hwnnw'n gynnig llawer rhy hael i'w wrthod. Tebyg, yn y pen draw, fod gan bob un ohonom ei bris!

Yn ystod yr ail ganrif ar bymtheg bu'n hongian ym mhalas brenhinol Versailles, ond wedi'r Chwyldro Ffrengig fe'i gosodwyd i addurno ystafell wely Napoleon ac yna, yn 1804, fe'i symudwyd i'r Louvre lle yr arhosodd hyd y dwthwn hwn, ac eithrio'r ddwy flynedd a dreuliodd yng ngofal y lleidr.

Ar ddydd Mercher 23 Awst 1911 fflachiodd y newydd ar draws y byd fod y Mona Lisa ar goll. Roedd rhywun wedi ei chipio o dan drwynau ei gofalwyr. A dyna destun pob trafodaeth am wythnosau lawer. Nid yn annisgwyl bu cryn wylofain a rhincian dannedd. Cynigiwyd symiau aruthrol am unrhyw wybodaeth yn ei chylch eithr i ddim pwrpas. Lledaenwyd pob mathau o ddamcaniaethau cwbl ddi-sail, fod ryw wallgofddyn wedi ei dinistrio a'i llosgi, ei bod ar ei ffordd i dde America neu bod rhywrai wedi ei gweld yn Llundain, neu yn yr Almaen, hyd yn oed yng Ngwlad Pwyl.

Yr oedd y wasg a'r cyhoedd wedi eu brawychu. Sut yn y byd mawr llydan, holwyd, y gallai rywun gipio trysor mor amhrisiadwy yn y lle cyntaf? Roedd blerwch mawr wedi digwydd rywsut. Pwy oedd ar fai?

Yn llawer diweddarach, deallwyd mai Eidalwr deuddeg ar hugain oed o'r enw Vincenzo Perugia, gwydrwr a phaentiwr wrth ei alwedigaeth, oedd y lleidr. Heb drafferth yn y byd yr oedd wedi llwyddo i sleifio i'r oriel lle câi'r llun ei arddangos, wedi ei dynnu oddi ar y mur, wedi diosg y ffrâm oddi amdano a'i lapio wedyn mewn darn o hen blanced cyn ei fwrw dan ei gesail a'i gludo i lawr y grisiau gan ei gwneud hi'n dalog am allan drwy ddrws yn yr ochr a'i sgrialu hi wedyn am ei fywyd i'w fflat un ystafell flêr rywle ym mherfeddion y ddinas.

Ar y cychwyn, dadleuai Monsieur Louis Lepine, pennaeth yr heddlu, na fydden nhw fawr o dro â chael gafael ar y lleidr ynghyd â'r ysbail, eithr buan y sylweddolwyd nad ar chwarae bach y gellid datrys y dirgelwch. Bu chwilio a bu chwalu ymhob twll a phob cornel o'r Louvre, arwynebedd o hanner can erw namyn un ohono, heb ddod o hyd i unrhyw gliw, i undim yn wir ond y ffrâm. Yn y cyfamser gwenai'r Mona Lisa a Vincenzo Perugia yn annwyl ar ei gilydd yn y fflat. Roedd ef wedi ei gyfareddu'n llwyr a chanddo argyhoeddiad fod rhyw newydd wedd ar ei phrydferthwch yn dod bob dydd i'r golau!

Gyda threigliad y misoedd, dechreuodd pethau dawelu. Doedd ymchwiliadau'r heddlu yn arwain i unlle ac nid oedd y tyrfaoedd yn cyrchu megis yn y dechrau i'r Salon Carré i syllu'n safnrhwth ar y llecyn gwag lle'r arferai'r llun gael ei arddangos. A ph'run bynnag, yn ystod y ddwy flynedd nesa roedd digon o bethau eraill i fynd â bryd pobl ac yn rhoi testun siarad iddynt. Roedd rhyfela rhwng Twrci a'r Eidal. Suddodd y *Titanic* ar ei mordaith gyntaf. Roedd pethau'n berwi yng ngwledydd y Balcan a'r llwyfan yn cael ei osod ar gyfer y Rhyfel Mawr.

Ond yn Nhachwedd 1913, penderfynodd Perugia weithredu. Anfonodd lythyr at Alfredo Geri, arbenigwr yn y celfyddydau cain o Fflorens, yn mynegi awydd i ddychwelyd y Mona Lisa ar yr amod y câi'r llun ei drosglwyddo i'r Eidal. Ni wnaed yr un cais am unrhyw swm o arian yn gyfnewid amdano chwaith eithr nododd y llythyrwr er hynny ei fod yn ŵr eitha tlawd. Dangosodd Geri y llythyr i'w gyfaill Giovanni Poggi, cyfarwyddwr Oriel Uffizi. Doedd y naill na'r llall yn credu'r stori ond er hynny penderfynwyd cymryd golwg ar yr hyn yr oedd gan Perugia i'w gynnig.

Trefnwyd cyfarfod ac ar 10 Rhagfyr cyrhaeddodd Perugia Fflorens. Roedd Geri a Poggi wedi eu syfrdanu! Cytunwyd ar bris o hanner miliwn lira (oddeutu £75,000 yn arian heddiw) ond yr un pryd fe gysylltwyd â'r heddlu ac mewn mater o ychydig oriau roedd y lleidr wedi ei 'restio. Mae'n wir bod y llun wedi cael ei arddangos yn yr Uffizi am gyfnod byr ar ôl ei ddarganfod, yna yn Rhufain, ac wedyn ym Milan, ond erbyn Ionawr 1914 roedd yn ôl yn cael ei arddangos unwaith eto yn y Salon Carré yn y Louvre, dim ond fod yr amodau diogelwch erbyn hynny yn rhai tipyn llymach. Mi fasan wrth reswm!

Gwrandawyd yr achos yn erbyn Perugia yn Fflorens ym Mehefin 1914. Plediodd yntau yn euog eithr gan ddadlau fod ei gymhellion er hynny wedi bod yn rhai tra theilwng. Onid yr Eidal, taerai, oedd berchen y llun yn y lle cyntaf, dim ond fod Napoleon wedi ei ddwyn a'i hawlio yn enw Ffrainc? Doedd ef, y cyhuddedig, wedi gwneud dim namyn ceisio adfer i'w wlad enedigol yr hyn oedd yn eiddo cyfreithlon iddi o'r cychwyn. Dewisodd anwybyddu'r ffaith fod Leonardo wedi ei werthu am arian sychion i Ffransis 1.

Bu'r barnwr yn bur drugarog. Fe'i dedfrydwyd i flwyddyn a phymtheng niwrnod o garchar, dedfryd ysgafn a groesawyd â churo dwylo byddarol yn y llys. Apeliodd Perugia hyd yn oed yn erbyn y ddedfryd honno. Gwrandawyd yr apêl yng Ngorffennaf 1914 ac fe gwtogwyd y cyfan wedyn i saith mis, ond am ei fod eisoes wedi treulio mwy na saith mis yn y carchar p'run bynnag, fe'i rhyddhawyd yn syth.

O fewn ychydig wythnosau yr oedd Vincenzo Perugia wedi ymuno â'r fyddin ac ar derfyn gwasanaeth dewr ac anrhydeddus yn y Rhyfel Mawr ymsefydlodd eilwaith ym Mharis gan agor siop gwerthu paent yno. A fu iddo droi i mewn i'r Louvre rywbryd wedyn i gael golwg ar y Mona Lisa sy'n gwestiwn na ddichon neb ei ateb . . .

A dyna'r stori, er mai o'r braidd yr oeddwn i wedi gorffen darllen yr erthygl na chefais fy ngalw i fynd drwodd, ac fe aeth y Mona Lisa druan ynghyd â'i holl helbulon o'm cof am sbel. Ymhen rhai dyddiau, fodd bynnag, fe ddechreuais bendroni ymhellach ynghylch y peth. O'r gorau, roeddwn i'n eitha' parod i dderbyn y gred gyffredin mai yn y Louvre y mae'r fersiwn gwreiddiol o'r llun yn aros o hyd, ond gwyddwn nad dyna farn pawb chwaith. Cofiwn fel yr adwaenwn i unwaith hen frawd o Ogledd Môn a dybiai'n bur bendant mai ar un o furiau bwthyn gwledig yn y rhan honno o'r byd y medrid dod o hyd i'r campwaith . . .

Yn ogystal â bod yn heliwr o fri ac o gryn allu, ac mai fo oedd pen potsiar, arch gwningwr a'r gosodwr croglath gyda'r mwyaf medrus yn y fro, fe ffansïai Ifan Llain Focha ei hun ar binsh yn dipyn o arbenigwr yn y celfyddydau cain yr un pryd. O leiaf roedd o'n sgut am luniau adar ac anifeiliaid o bob math, yn arbennig atgynyrchiadau rhad ond sgleiniog o luniau gwŷr llyfndew mewn cotiau cochion a chlosau gwynion yn marchogaeth ceffylau gan hysio o'u blaenau gŵn hela ar drywydd sgwarnogod a llwynogod. Yn wir, roedd ganddo gasglaid eitha niferus o'r cyfryw bethau yn addurno parwydydd cegin a siambar ei fwthyn; a pha ots os oedd ymylon ambell un wedi breuo a melynu gan leithder oesol y muriau. Roedd ganddo hefyd swpyn sylweddol o luniau merched bronnog a choesnoeth ond bod y rheini yn rhai spesial ac wedi eu cuddio o ŵydd pawb a'u cadw dan glo yn nrôr isaf y dresar dderw. Roedd hi'n haws cau llygaid pobl na'u hen gegau, chwedl yntau, er mai yn eu gwerth celfyddydol, dadleuai, yr oedd ei ddiddordeb pennaf hyd yn oed ynddynt hwythau!

Gwyddai Ned Porth Farthin yn burion am ei wendid. Onid oedd o fwy nag unwaith wedi tywys ambell eitem i'w gyfeiriad; er nad un i dorri cnau gweigion oedd Ned chwaith. Fo fyddai y tu clyta i'r clawdd bob gafael pan ddôi'n fater o fargeinio rhyngddynt am unrhyw beth. Fe drawodd y ddau ar ei gilydd i lawr yn y pentre un bore Sadwrn –

'Tyrd draw rywbryd,' archodd Ned, 'ma gin i rwbath i'w ddangos i ti.'

Fo, Ned ei hun, glywais i'n adrodd yr hanes. A doedd dim angen cymhell ddwywaith chwedl yntau, oblegid y nos Lun ganlynol roedd Ifan yno fel powltan ac, ymhen hir a hwyr, wedi i'r ddau roi'r byd yn daclus yn ei le, deuwyd at brif bwrpas yr ymweliad.

'Dos i'w nôl o wnei di,' gorchmynnodd Ned i'w wraig, 'ond gofala ar boen dy fywyd beidio â'i blygu o. Mae o ormod o werth i gael ei hambygio gan neb.'

Ni fu hithau fawr o dro nad oedd wedi dychwelyd i'r gegin efo'r llun yn ei hafflau. Cododd Ned yntau yn fwriadol araf ar ei draed ac fe'i tynnodd yn ofalus o'r amlen hir cyn troi at Ifan –

'Mi dyffeia i di na welist ti 'rioed ddim byd tebyg i hwn?'
'Esu Dafydd!' ebychodd Ifan, 'be sgin ti dywad?'
'Taet ti'n camu'n ôl rhywfaint, a thaswn inna'n 'i ddal o 'mlaen fel hyn, mi gwelit o yn ei holl ogoniant weldi.'

Camodd Ifan yn ei ôl a daliodd Ned y llun o'i flaen.
'Wel, be' ydi'r fyrdict?'
Daeth rhyw atal dweud rhyfedd dros Ifan.

'Y . . . Y . . . Y . . . F . . . F . . . F . . . Y Fona Leusa myn uffar i.'
'Sut gwyddost ti mai dyna pwy ydi hi?' pryfociodd Ned.
'Ma pawb drwy'r byd yn 'nabod y lefran yna siŵr Dduw i ti,' atebodd Ifan, 'ond sut ces di dy ddwylo ar honna o bawb?'
'Hidia di befo, llanc. Fe dalwyd yn ddigon gonast amdani beth bynnag . . . ond cama'n ôl fymryn eto, er gwylia na wnei di ddim bwrw'r tacla 'na sydd ar y jestar drôr chwaith . . . weli di hi?'
'Gwela i, gwela. Rargoledig!'

Hwyrach y dylid egluro mai Nanw, hogan hynaf Ned, oedd wedi cael gafael arno yn y lle cyntaf. Bob bythefnos gofalai cynrychiolydd o Gwmni Morris a Jones alw yn siop y pentre efo cyflenwad amrywiol o nwyddau gan gynnwys bocs neu ddau o bacedi te *Black Boy*, te yr oedd mynd mawr arno bryd hynny. Onid oedd llun o negro du, pencyrliog, gwengar yn hysbyseb dda i'r union gynnyrch ac wedi ei sodro ar gefn y wagan, y math o hilyddiaeth oedd yn cael ei dderbyn yn eitha dibrotest y dwthwn hwnnw. Am bob paced chwarter o'r *Black Boy* a werthid câi'r cwsmer un tocyn rhodd, ac o gasglu dwsin o'r tocynnau rheini medrid anfon i ffwrdd i rywle am lun gopi dwy droedfedd wrth dair o'r Mona Lisa. Ac yr oedd Nanw wedi mynnu ei bod yn cael un. Wedi'r cyfan, chostiai o ddim iddi ond pris y stamp.

'Symud fymryn i'r ochor yna rŵan,' cynghorodd Ned wedyn – 'Weli di 'i bod hi'n edrych i fyw dy lygaid di waeth lle bynnag yr wyt ti'n sefyll?'

'Wel ar 'y fen'd i, mae hi hefyd.'

'Sâff Dduw i ti.'

'Dydi hi'n slasan handi gythreulig dywad?'

'Digon o sioe dydi?'

'Faswn i ddim wedi meindio cael noson efo honna, 'tawn i ond 'chydig yn fengach.'

'Rhag 'ch cywilydd chi, Ifan Tomos,' arthiodd gwraig Ned yn ffug geryddgar, 'a chitha efo gwraig yn barod a thorllwyth da o blant yn sgil hynny.'

Chwarddodd Ifan beth yn euog –

'Hwyrach 'ch bod chi yn 'ch lle yn 'fan na, Missus.'

'Gad lonydd i'r dyn,' cyfarthodd Ned. 'Pa gr'adur byw bedyddiol o waed coch cyfa' na châi ei gynhyrfu gan un fel honna? Fe fyddai'n gryn demtasiwn i minna' hefyd i ti ddallt.'

'Dydi hi 'rioed ar werth gin ti?'

'Hwyrach ei bod hi, a hwyrach nad ydi hi ddim... hynny ydi, fasa gin ti ddiddordab felly?'

'Esu Dafydd! Basa.'

'Cofia di mai HWYRACH ddeudis i. Fasa hi ddim yn rhad i ddechra cychwyn.'

'Ond ia ... FAINT?'

'Cofia di hefyd ei fod o'n llun gwreiddiol, yn o ... o ... original fel y byddan nhw'n deud.'

'Duw annw'l! Be mae hynny yn ei feddwl? Does na fawr o ddiban i ti luchio rhyw hen eiria' fel yna ata i nac oes?'

'Mewn geiria' er'ill, dyma'r unig un sydd ar gael weldi'r hen ddyn. Dim copi rhad ydi o. Does 'na'r un arall. Does raid i ti ond sbio ar olion llyfiadau'r brwsh yn y gwaelodion 'na.'

'Wel tawn i'n marw, ia hefyd.'

'Yr unig un ... garantîd i ti.'

'Ond dywad, be fasa'r ddamej ta?'
'Heb 'i fframio fo, ta wedi 'i fframio fo?'
'Mi fframiwn i o fy hun, 'sti. Mi iwsiwn i honno oedd am y criw Cenhadon Hedd oedd gin hen wraig fy mam yn ei pharlwr ers talwm.'
'Plesia di dy hun.'
'Ond ia . . . FAINT?'

Fe gymerodd Ned hydoedd cyn ateb gan gymryd arno ei fod yn dwys fyfyrio a phendroni fel pe bai mewn cyfyng gyngor mawr ynghylch y peth –

'Wel, doeddwn i ddim wedi meddwl rywsut am unrhyw bris. A deud y gwir plaen wrthat ti, doeddwn i ddim wedi meddwl am werthu . . .', a chan droi at ei wraig, ' be wna i dywad?'
'Rhyngddo chdi a dy betha',' atebodd hithau'n eitha' snoti, 'achos os wyt ti'n blysio hen beth fel honna cystal i ti gael gwarad â hi, tydi. Fasa hi ddim yn demtasiwn i neb hyd fan 'ma wedyn 'na fasa? Ond rhwng Ifan Tomos 'ma a'i gydwybod.'

Trodd Ned at Ifan –

'Dydi'r gair garwa'n flaena' gan bob dynas dywad, Ifan? Ond gwranda, 'rhen fêt, o gofio'n bod ni'n dau wedi bod yn llawia fel hyn cyhyd, be . . . be feddyliet ti o . . . wel, o bymthag punt ar hugian?'
'Be ddeudis di, pymthag a thrigian ta pymthag ar hugian?'
'Pymthag ar hugian i chdi, er y basa fo'n rhad fel baw i rywun am bymthag a thrigian cofia . . . er na faswn i ronyn dicach chwaith taet ti'n deud na allat ti 'i fforddio fo achos mae gin i ddau neu dri o gwsmeriaid eraill yn ysu am 'i weld o. A phrun bynnag, wnaiff o na bwyta nac yfad taswn i'n 'i gadw fo. Fe fydd yn werth dwbwl drebal hynny mewn dim o dro 'sti.'
'Bydd debyg.'
'Dydw i'n trio deud wrthat ti.'

Doedd dim angen ymhelaethu rhagor. Clinsiwyd y fargen yn y fan a'r lle ac fe ddychwelodd Ifan gartre'n ŵr bodlon efo'r Fona Leusa o dan ei gesail, ac ar un o barwydydd Llain Focha y bu'n hongian am flynyddoedd, wedi ei chaethiwo o fewn y ffrâm a fu unwaith yn lloches i Genhadon Hedd y Methodistiaid Calfinaidd.

Penderfynodd Ned fuddsoddi y cyfan o'r elw a gawsai amdani ar dŷ gwydr bach ail-law, y ciwtia 'rioed, ac fe'i gosododd yn llygad yr haul ar waelod yr ardd ffrynt ym Mhorth Farthin. Roedd wedi bod â'i fryd ers tro ar dyfu tomatos. A dyna ei gyfle mawr wedi dod. Er na cheidw'r diafol mo'i was yn hir chwaith, oblegid o fewn llai na deufis o'i godi fe chwalwyd y cyfan yn siwrwd a'i chwythu i ebargofiant mewn storm na welwyd mo'i thebyg yn yr hen ardal ers cantoedd lawer.

'Ceiniog annheilwng aiff â dwy efo hi,' edliwiodd gwraig Ned wrth syllu ar adfeilion y tŷ tomato, 'dyna dy dâl di weldi am dwyllo Ifan Llain Focha, 'rhen slefyn tlawd.'

Nid bod angen unrhyw fath o dosturi ar Ifan o bawb. Yn ôl pob tebyg, chlywsai ef erioed yn ei fywyd am Leonardo da Vinci, llai fyth am weithred ysgeler Vincenzo Perugia ac fe aeth i'w fedd yn gwbl dawel ei feddwl mai ef oedd perchen y copi gwreiddiol o un o gampweithiau mawr cyfnod y Dadeni yn Ewrop. Petai hi'n dod i hynny, fe fyddai ef yn eitha sicr ei farn nad oedd ar ei golled o wybod ond y nesa' peth i ddim am y Dadeni chwaith! Digon iddo ef oedd yr argyhoeddiad ei fod wedi cael homar o fargen o'r pryniant. Roedd wedi bod yn werth pymtheg punt ar hugian bob dimai goch ohono.

AR DORIAD GWAWR YN LOCRONAN

Rwy'n cofio, pan oeddwn i'n bwt o athro ysgol 'stalwm, i rai o blant fy nosbarthiadau ymuno, un tro, â nifer o ddisgyblion ysgolion eraill yng Ngwynedd ar fordaith i'r Môr Canoldir. Taith 'addysgol' er ehangu gorwelion, dyna oedd hi i fod! Ni chofiaf y manylion yn union ac ni allaf chwaith enwi pob porthladdd yr hwyliasant iddo, ond gwn iddynt angori am oddeutu pedair awr ar hugain ger Haiffa. Rhoddodd hynny gyfle iddynt ymweld â rhai mannau o ddiddordeb yng Ngwlad yr Iesu gan gynnwys Bethlehem.

Wedi iddynt ddychwelyd, fe fanteisiais innau wedyn ar gyfle euraid, fel y tebygwn, mewn gwers Addysg Grefyddol, i'w holi ble'n union yr oeddynt wedi bod, beth a welsant a pha argraffiadau parhaol oedd wedi aros, ac ati.

Oedd, 'yr oedd Israel yn O Cê', ym marn un llabwst, os 'digon llychlyd ei hoedal' yr un pryd, ond ni chafwyd ganddo sôn iddynt ymweld ag Eglwys yr Enedigaeth a mannau cysegredig o'u bath chwaith. Eithr yr hyn a gofiai'n arbennig – ac yr oedd y profiad hwnnw wedi rhoi cryn wefr iddo fel y gallai ddirfawr ymffrostio yn ei gylch ymhlith ei gymrodyr – oedd ei fod wedi cael mynd heibio, dim mwy na hynny cofier, i'r stadiwm hwnnw a oedd yn bencadlys teilwng i'r 'Bethlehem F.C.'!

Faint o orwelion gan hynny a ehangwyd ar y daith honno sy'n gwestiwn, er mai pawb at y peth y bo ydi hi, debyg, yn hyn o fyd. Yn y pen draw, rydym oll yn cofio yr hyn yr ydym am ei gofio, yn clywed ac yn gweld yr hyn yr ydym am ei weld a'i glywed. Oni fûm i droeon yn euog o'r union gamwedd fy hun?

Dyna'r ymweliad hwnnw â Llydaw dro yn ôl. Mae'n wir na chaed haf fel haf y flwyddyn honno, ond yr oedd yr un bach Mihangel a'i dilynodd ddiwedd Medi yntau i'w groesawu. Erbyn hynny roedd y byddinoedd ymwelwyr wedi hen gilio fel ein bod ninnau, trwy drugaredd, yn cael yr amrywiol gyrchfannau yn fwy na hanner gwag.

Ond roedd y meini rhyfedd yn dal i sefyll wrth eu cannoedd yng Ngharnac ac arddangosfeydd yr arlunwyr yn dal ar agor ym Mhont Aven, er bod Gaugin a'i ddilynwyr wedi hen gefnu ar y lle, eithr gan adael digon o'u dylanwad ar eu hôl. Medrwyd profi'r hedd yng nghynteddau Mynachlog ac Abaty St. Michel de Kerogan a'r llonyddwch mawr hwnnw o gylch fforestydd a chreigiau anferth Huelgoat. Tywynnai haul meddw ar dywod melyn traeth Bénodet ac ar y llongau pleser dan eu hwyliau llawn a hwythau'n symud yn osgeiddig ar hyd yr arfordir ger Douarnenez. Gwelwyd gwragedd yn eu penwisgoedd traddodiadol a'u clocsiau pren; blaswyd yr awyrgylch wrth loetran hyd rai o strydoedd culion hen ddinas Kemper, a rhoddwyd tro o gwmpas ei heglwys gadeiriol a'r mân siopau mewn adeiladau canoloesol o dan ei chysgod. Ymdeimlwyd â'r sancteiddrwydd wrth edmygu calfarïau eglwysi Guimiliau a St. Thegonnec, â'i bedyddfaen yn y naill a'i phulpud cywrain yn y llall ymhlith yr enghreifftiau godidocaf o gampweithiau celfyddydol Llydewig ar eu gorau. Mewn mannau o'r fath y mae calon y Llydaw gyntefig, grefyddol, ofergoelus, yn curo gryfaf. A dyna'r profiad gastronomig hwnnw wedyn y cyfranogwyd ohono â'r fath archwaeth, yn union fel pe baem newydd ddod o warchae hir, ar deras tŷ bwyta dan gysgod y draphont yn Morlaix. A llawer, llawer mwy!

Ond wedi dywedyd hyn oll, ac er rhagored yr hyn a welwyd ac a brofwyd, wrth ymweld â'n cefndryd Celtaidd, yr hyn a glywais – eithr nas gwelais – yn y bore bach ar ddiwedd y mis Medi hirfelyn hwnnw sydd wedi aros yn y cof ac a erys eto y rhawg, decini. Ond fe ddown at hynny yn y man. Cystal i ddechrau cychwyn fyddai nodi lleoliad yr union brofiad hwnnw.

Oddeutu pedwar o'r gloch un prynhawn roeddem wedi cyrraedd pentref Locronan yn Ne Ffinistêr. Pentref bach hudolus, cyniweiriol a chwbl ddiollwng yn fy ngolwg i, eithr un fymryn yn 'sbŵci' wedi iddi nosi ym marn aelod arall o'r teulu! Yn ei gyfnodau tawel yn ystod misoedd y gaeaf nid oes iddo boblogaeth o lawer mwy nag wythgant, er bod dwbl drebal na hynny yn heidio'n anwar iddo yn ystod 'y tymor' wrth reswm.

Daw Loc o'r Lladin Locus, yn ôl pob tebyg am 'fan cysegredig'; yn yr achos hwn, man cysegredig Ronan, y sant o Wyddel o'r seithfed ganrif y gorffwys ei weddillion yn Eglwys Le Pénity gerllaw.

Bu'r pentref yn enwog am gynhyrchu lliain hwyliau; heddiw mae'n fwy adnabyddus am ei ŵyl mabsant, y Grande Troménie a'r orymdaith hir a gynhelir yno'n selog bob chwe blynedd. Hwyrach ei fod o bellach fymryn yn rhy orlwythog o siopau crefftau a stondinau crêpes ac ati ond wedi dweud hynny ni fu fawr o newid ar ei gymeriad ers rhai canrifoedd – nid ers ei oes aur yng nghyfnod y Dadeni beth bynnag. Mae ei strydoedd tywyll, ei dai o wenithfaen, ei sgwâr coblog a'r ffynnon ar ei ganol yn brawf o hynny. Nid syndod ei fod yn lleoliad da ar gyfer ffilmiau cyfnod; ffilmiwyd deg ar hugain yno os gwir y sôn. Ba ryfedd felly mai yno y gwelodd Roman Polanski bosibiliadau ar gyfer lleoliad cwbl addas ar gyfer ffilmio rhannau o un o'i gampweithiau aml ei llawryfon, Tess of the D' Urbervilles?

Lluestwyd y noson honno yng ngwesty Le Prieuré, er nad cyfleusterau moel a hunanymwadol yr asgetig oedd yn ein haros yn y priordy hwnnw eithr moethusrwydd cymharol y gwesty serennog. Arlywyd bord o basgedigion ger ein bron ar gyfer y pryd hwyr. Nid heb beth trafferth yr ymlafniwyd i ddiberfeddu'r 'fruits de mer' ac i gracio ambell gragen â gefail gnau. Buwyd wrthi am gryn awr yn taclo ac yn ceisio gwneud cyfiawnder â'r *hors-d'oeuvre* hwnnw, ond roedd y gwin yn llifeiriol ac yn gymorth i'w dreulio.

Roedd ein hystafell wely ar y pedwerydd llawr ac am fod lliwiau'r machlud ryw awr neu ddwy ynghynt wedi argoeli diwrnod braf arall trannoeth, penderfynwyd gadael y ffenest yn llydan agored.

Ychydig wedi hanner awr wedi pump y bore fe ddihunais yn sydyn. Roedd y wawr yn torri a hocsyn o leuad ar ei wendid yn prysur ddiflannu ar orwel y gorllewin. Rhaid fod rhywbeth wedi fy neffro. Clustfeiniais. Ond ni fu raid aros yn hir cyn sylweddoli beth oedd wedi digwydd, canys yn y man, torrwyd ar y tawelwch ac fe ganodd ceiliog yn rhywle.

Wel 'nawr, doeddwn i ddim wedi clywed ceiliog yn canu yn y bore bach ers pobeidiau lawer ac fe orweddais yn ôl i'w fwynhau. Wn i ddim ai deffro'r ieir oedd bwriad y creadur er mwyn iddynt ymysgwyd o'u trwmgwsg ar eu clwydi. Ond os bu i'w glochdar fy neffro i, siawns na fu'n ddigon i ddeffro'r pentre' cyfan, i alw pob gweithiwr 'i fynd allan i'w waith ac i'w orchwyl hyd yr hwyr.' Yn wir, gan mor dreiddgar a hyglyw ydoedd, gallai ddeffro pob copa walltog ym mhob twll a chornel o Dde Ffinistêr yr un pryd! Ac nid am ryw deirgwaith y bu wrthi eithr yn gyson am o leiaf dri chwarter awr!

Doedd dim angen llawer o ddychymyg ar ddyn i'w weld yn troedio rhyw fuarth rywle gerllaw, yn bwyllog rodresgar, yn aristocrat herfeiddiol, o wehelyth Rhode Island o bosib', trwm a balch ei osgo, gloywder yn ei blu, ei gynffon yn llydan fwaog, ei goesau'n gryfion, ei ysbardunau'n finiog, ei wddf yn hir a'i grib yn fflamgoch.

A dichon bod amser digon prysur o'i flaen y diwrnod hwnnw fel pob diwrnod. Rhwng ysgwyd pawb a phopeth o'u cysgadrwydd, gwarchod ei libart ac ysgwyddo'i gyfrifoldeb o bugeilio a gwasanaethu rhyw ddau ddwsin o ieir yn gydwybodol, ni fyddai ganddo'r un funud o hamdden. Nid rhyfedd, felly, bod ceiliogod, yn ôl y gwybodusion, yn chwythu eu plwc mor fuan ac yn heneiddio'n gynamserol! Ond os oes fer yw'r eiddynt, diau fod yr un fer honno'n un y byddai ambell hen 'wag' yn ei hystyried yn un hynod bleserus; fel y canodd rhyw hen fardd un tro –

> 'Y ceiliog glân a'i gân gu
> A'i ddof iâr i'w ddifyrru.'

Ond roedd hi'n rhy braf iddo fyfyrio ar freuder bywyd a'r straen gynyddol oedd ynghlwm â'i holl gyfrifoldebau y bore hwnnw a bu'n ei morio hi am hydoedd tra bod tylluan o ŵr arall, tipyn pellach i ffwrdd, yn ei ateb, onid yn ceisio cystadlu ag ef, er mai cystadleuaeth unochrog braidd ydoedd.

Dyma'r synau gwledig yr oeddwn i ers tro byd wedi bod mor

fyddar i'w nodau. Eithr o'm gwely ar y pedwerydd llawr yng Ngwesty Le Prieuré yn Locronan y bore hwnnw fe aed â mi'n syth yn ôl i'm henfro ym Môn i'r cyfnod pan oeddwn i'n llafn o hogyn ar fy mhrifiant. Onid ceiliogod Cae Rhun a Chlegyrog Ucha' ac weithiau geiliog bantam Tŷ Lawr oedd ein clociau larwm ninnau? I'w simffoni nhw ac i'r gystadleuaeth rhyngddynt y deffroem – a doedd undim hyfrytach na'i naturiolach.

Mae'n ddiamau y taerai rhai 'mod i'n 'i methu hi'n ddifrifol ac yn tueddu i ramantu dros ben llestri ac mai newid fy nghân a wnawn innau pe'm gorfodid y dwthwn hwn a hynny Sul, gŵyl a gwaith i gael fy myddaru gan geiliogod pechadurus o fore!

Ac oni fu i mi yn ddiweddar iawn ddarllen erthygl dan bennawd bachog *Cock-a-doodle don't!* yn un o'r papurau dyddiol? Hanes gŵr ac iddo enw Cymraeg rhagorol, un Marco Milani a'i bartner o Lannau Dyfrdwy rywle. Roeddynt wedi derbyn dirwy o gymaint â mil o bunnoedd gan ynadon Sir y Fflint am fod clochdar ceiliog o'r eiddynt yng ngardd eu tŷ teras yn gainc anorffen nad oedd ddiwedd arni, un a gadwai'r cymdogion yn ddidrugaredd ar ddi-hun. Yn wir, aethai un cymydog rhwystredig mor bell â haeru nad oedd ef, druan, wedi cael yr un noson iawn o gwsg ers pum mlynedd hir! Tystiolaeth un arall wedyn, yr un mor huawdl – a llawn gormodiaith falle – oedd bod yr utgorn boreol ddyrnaid o ddesibelau'n uwch, yn wir yn ddigon i foddi hyd yn oed sŵn unrhyw awyren. Gwadu'r cyfan a wnâi Marco Milani, gan ymdynghedu i fynd â'r achos ymhellach – i'r Llys Iawnderau Dynol yn yr Hâg pe bai angen. Mae'n eitha' posib', felly, y clywir am y mater hwnnw rywbyd eto ac y ceir maes o law ddatganiad terfynol ac awdurdodedig ynghylch hawliau ac iawnderau ceiliogod bore.

Boed a fo am hynny, ac am y rhempio sydd ar geiliogod, rydw i'n dal i daeru mai cân y ceiliog ychydig wedi pump y bore hwnnw yn Locronan a erys flaenaf yn fy nghof i, y melysaf, ond odid, o'r holl brofiadau a gafwyd o dreulio wythnos ar derfyn haf un flwyddyn yng nghwmni ein cefndryd Celtaidd.

Pawb at y peth y bo unwaith eto, decini!

LLE DIM BYD?

Y disgybl hwnnw na welsai unrhyw ryfeddod ym Mhalesteina, Gwlad yr Iesu, namyn stadiwm y Bethlehem F.C., oedd yr union 'sglaig hefyd (un o golofnau cadarna'r dosbarth *detention* ar nos Iau gyda llaw) a oedd yn bownd ulw o orffen pob traethawd a osodid iddo'n dasg, waeth beth fyddai y testun, drwy fynnu sôn rywbeth neu'i gilydd am gampau Manchester United!

Bu dan benyd digon creulon gen i un tro – eto mewn gwers Addysg Grefyddol – i draethu ar drosedd Ananias a Saffeira, pryd y disgwylid iddo egluro pa wers foesol bwysig oedd i'w dysgu oddi wrth y weithred dra ysgeler honno. Fe draethodd yntau pob parch iddo'n lled faith ac yn bur huawdl ar y mater. Yn wir bron na welid ynddo ar binsh arwyddion egin bregethwr cynorthwyol yn dechrau blaguro, ond fe fynnodd lusgo, fel uchafbwynt i'w drafodaeth, sylwadau tra amherthnasol am broblemau astrus ffioedd trosglwyddo rhai o gicwyr pêl Man Iw, yr hyn a achosai ddirfawr bryderon yn ei dyb ef i'w arwr mawr, un Alex Ferguson.

Ond pwy wyf i eto fyth i'w feio? Rwy'n fy nghael fy hun unwaith yn rhagor yn ymdebygu iddo, canys fel y gŵyr y cyfarwydd yn dda, alla' inna' chwaith, ddim dros fy nghrogi, draethu ar unrhyw fater yn hir heb fy mod yn hwyr neu'n hwyrach yn manteisio ar bob cyfle, nid i sôn am Manchester United mae'n wir, eithr am y pentre bach annwyl hwnnw yng Ngogledd Môn. Wedi'r cwbl, rwy'n ddinesydd o ddinas nid anenwog, ac yr wy'n mynnu dod i derfyn y casgliad bach hwn o draethiadau drwy lusgo Carreg-lefn unwaith eto i'r drafodaeth, gan fynd o'i chwmpas hi fel hyn.

Pan fo rhywun yn rhyddhau ambell druth o'i afael neu'n cyhoeddi ambell gyfrol waeth iddo heb â gobeithio y bydd pawb, yn ddieithriad, yn gwirioni'n lafoeriog uwchben ei gynnyrch. Fe fydd rhai mae'n ddiamau yn gwrogaethu, eraill, a does dim dwywaith ynghylch hynny chwaith, yn hallt odiaeth eu beirniadaeth, tra bod y mwyafrif fel trigolion Laodicea gynt heb fod yn frwd nac oer. Yn fy nydd fe gefais innau fy siâr o edmygwyr digon caredig, toreth o feirniaid digon llym yr un pryd, heb sôn am y lluoedd diymateb llugoer. Fel yna wedi'r cwbl, y mae pob bwyd yn cael ei fwyta.

Hwyrach 'mod i wedi cofnodi'r hanesyn canlynol rywle o'r blaen. Er hynny, dydw i ddim yn ymddiheuro am ei ailadrodd drachefn yn y cyd-destun presennol, hyd yn oed os oes yma arwyddion henaint ffwndrus yn ei amlygu ei hun.

Fe gymerodd hydoedd i bobl sylwi ar fodolaeth cyfrol fach gynnar o'm heiddo, *Robin Rengan Las A'i Debyg* a gyhoeddwyd mor bell yn ôl â 1979 gan Wasg Tŷ Ar y Graig. Yn wir, yr unig ohebiaeth a dderbyniais yn ei chylch yn ystod chwe mis cyntaf ei bodolaeth oedd nodyn byr ac i bwrpas gan ryw ddarllenwraig anhysbys o berfeddion y De 'na'n rhywle.

Nid gwerthu lledod na sheflio sebon yr oedd miledi chwaith, eithr cyfeirio'n lled geryddgar at y ffaith 'mod i wedi cyfeiliorni'n ddifrifol iawn, iawn mewn rhyw bennod neu'i gilydd drwy haeru fod cymeriad yn fy hen ardal gynt yn berchen cwrcath drilliw. Amhosibl, tystiai'r llythyrwraig wybodus, canys dim ond y cathod beinw sy'n drilliw!

Bendith arni, oblegid erbyn canfod roedd hi'n llygaid ei lle hefyd. Fe gyfrannodd wybodaeth dra buddiol i mi hyd yn oed os dyna'r unig sylw a gafodd fy nghampwaith yn ystod misoedd cyntaf ei fodolaeth!

Eithr goddefer am y tro i ddyn gofnodi un ganmoliaeth a gafodd yn ddiweddar. Rhywbeth digon prin a dieithr mae'n wir, er bod coblyn o frath, gwaetha'r modd, yng nghynffon hyd yn oed y ganmoliaeth honno. Cloch y ffôn yn canu acw un min nos –

'Mistar William Ŵan?'
'Siarad.'
'Does 'na'r un diben i mi geisio egluro pwy sy'n galw . . .'
'O felly?'
'Achos rydw i'n gwbl ddiarth i chi rydach chi'n dallt.'
'Oes rwbath y galla i 'i neud i chi ta?'
'Dim byd fachgian, dim ond 'mod i isio diolch i chi am y llyfra rydach chi wedi 'u sgwennu am 'ch pentra – Carreg-lefn yn tê.'
'Wela' i.'
'Tri o lyfra' i gyd 'n does?'
'Duwch, oes deudwch?'(Llawn gwyleidd-dra ffug!)
'Wedi cael blas ar bob un os ca' i fentro deud.'
'W . . . w . . . wel, diolch yn fawr i chi.'

Roeddwn i'n cynhesu at y gŵr wrth yr eiliad, yn teimlo yn dipyn o gawr chwarae teg, am fod cufyddau yn fy ngolwg bach i yn cael eu hychwanegu at fy maintioli yn y fan a'r lle. Gadewais iddo fynd yn ei flaen i draethu cyhyd ac mor huawdl ag y mynnai, yn sicr cyhyd â'i fod yn dal ati i ganmol! Dan yr amgylchiadau rheini byddwn yn ddigon parod i wrando arno drwy gydol hir y dydd a'r nos – yn arbennig felly o gofio 'run pryd mai meinaps a fyddai'n ysgwyddo'r bil ar y terfyn.

'Andros o flas hefyd. Dydi o'n enw bach del gythgiam, Carreg-lefn felly?'

'Ydi, hwyrach ei fod o, er na wnes i erioed feddwl am hynny o'r blaen rywsut.'

'Diawch gwyllt, does dim *hwyrach* amdani fachgian.'

'Wel wir, rydach chi'n garedig dros ben.'

'Er nad oeddwn i erioed wedi bod ar gyfyl y lle o'r blaen chwaith a bod yn gwbl onast efo chi.'

'Felly?'

'Ond mi brynis fap go dda o Sir Fôn acw ac mi benderfynis groesi'r hen Bont 'na ryw ddiwrnod dro'n ôl i edrach a ddown i o hyd iddo . . .'

'A mynd ar goll yn y fargian debyg? Mae hynny'n digwydd i lawer.'

'Wel ia. Mi fasa rhai o bosib – sgiwsiwch fi'n deud Mistar Ŵan, yn ei ystyried o'n dipyn o dwll din byd.'

'Diar annw'l, dydach chi rioed yn disgwyl i mi o bawb gytuno efo chi debyg?'

'Mi wyddoch be' sgin i? Roeddwn i'n teimlo fel ryw ecsplorar fachgian, fel rywun tebyg i'r bôi Stanli hwnnw pan aeth o i chwilio am . . . be oedd 'i enw fo deudwch . . .?'

'Livingstone tybed?'

'Y feri un i chi.'

'Ond doedd petha' ddim cynddrwg â hynny rioed? Wedi'r cwbl, nid ym mherfeddion Mongolia mae o.'

'Go dda rŵan Mistar Ŵan . . . Ond mi ddois o hyd iddo yn y diwadd, dalltwch chi. Dyfal donc bob gafael wchi .'

'A be'tybed oedd y fyrdict?'

'Lecio'r hen le bach yn iawn er i mi gael dipyn o sioc o ddal pen rheswm efo ryw ddynas yno hefyd.'

'O?'

'Digwydd taro arni rywle ar gyrion y pentre ac mi ddechreuis 'i holi hi a oeddwn i'n mynd i'r cyfeiriad iawn a ballu. Un o Garreg-lefn oedd hi meddai hi.'

'Ai Cymraes?'

'Saesnes ma' gin i ofn.'

'Ia reit siŵr. Dyna ydi mwyafrif y jiblats hyd y fan yno bellach.'

'Dyma hi'n dechra' trio mynd i 'nghiarpad bag i'n syth fachgian. Holi oedd 'na rwla arbennig yr oeddwn i'n chwilio amdano, pwy tybed oeddwn i'n 'i nabod yno, i bwy roeddwn i'n perthyn, ac ati. Mi wyddoch y math o beth.'

'Gwn yn burion.'

'A dyma geisio egluro nad oeddwn i'n chwilio am neb na dim yn benodol felly, dim ond 'mod i wedi dod yno i weld yr hen le ac er mwyn i mi fedru deud 'mod i wedi *bod* yno. Roedd hi fel petai wedi ei syfrdanu 'nghlywed i'n deud hynny fachgian.'

'Pam neno'r . . .?'

'Wyddoch chi be 'na'th hi wedyn?'

'Rwbath digon hurt mi wranta.'

'Byrstio allan i chwerthin nes bod 'i hochra hi'n brifo, a chan ychwanegu'n sbeitlyd rhwng yr hyrddia –

And you've come all this way to see Carreg-lefn of all places, but there is nothing there, nothing at all.'

Rhoddodd y brawd y derbynnydd i lawr toc ond erbyn hynny roeddwn i wedi 'nghynddeiriogi gorff ac enaid gan ei stori. Y fath gabledd! *There is nothing there* myn cebyst i. Yr hyn o'i gyfieithu yw DOES YNO DDIM BYD.

Beth oedd yn bod ar yr hen hulpan? Oedd y jolpan benchwiban yn dechrau colli arni tybed? Onid oeddwn i druan wedi credu erioed fod yno bopeth, bod yr haul yn codi ac yn machlud yn fy mhentre genedigol. Anghysbell a neilltuedig hwyrach, ond waeth pa mor anarbennig i olwg rhai oedd, neu ydi o, mae stamp yr hen le arna' i beth bynnag. Allwn i byth mo'i wadu. Er gwell neu er gwaeth, dyna'r graig y'm naddwyd ohoni ac fe'i llusgais i'm canlyn i bob man. Oddi yno y tynnais i bron y cyfan o'm maeth ac fe fyddaf yn manteisio ar bob cyfle i sôn amdani wrth eraill. Drwy'r digwyddiadau a'r sefyllfaoedd a'r cymeriadau a ddaeth i 'mywyd cynnar i yn y fro honno y dois i i 'nabod y byd mawr y tu allan. Fedrir ddim tynnu dyn oddi wrth ei dylwyth neno'r tad, ei ysgaru fyth oddi wrth ei gynefin.

Onid dyna'r ardal lle gwelodd Gweirydd ap Rhys, un o ŵyr llên prysuraf y bedwaredd ganrif ar bymtheg, tad yr athrylithgar Golyddan a Buddug, oleuni dydd am y tro cynta, y gwelodd Howel Harris wedyn yn dda i ymweld â hi ddwywaith yn ystod ei ymgyrchoedd ym Môn. Dyma ple bu'r teyrn, John Elias, yn gweinidogaethu am blwc ac y bu ei fab, John yntau, yn gweithredu fel blaenor cydwybodol am fwy na hanner oes. Onid oedd croeso yr hen oesoedd i'w brofi ar aelwydydd Clegyrog, Salbri, Llanol, Creigiau Mawr, Pant-y-mêl, Drum Rhedyn, Llys-y-gwynt, Ty'n Rhos, Pentreheilyn, Y Rhiw, Pengraig, Pant-y-gwŷdd a Thyddyn Prys? Cynefin diogel o hyd i'r gylfinir a'r gornchwiglen, lle mae'r gog gynhara'i thôn yng Nghoed Caerhun, man ple nad oes eithin sy'n felynach na hwnnw ym Mhonciau'r Alma, na chlychau'r gog wedyn sy'n lasach na'r rhai a dyf yn garped ar y llethrau uwchlaw Llyn Hafodol bob mis Mai . . . ac ati . . . ac ati . . . ac ati . . . ac ati.

Amser a gofod eto a ballai. *There is nothing there* wir! Ni thraethwyd ffwlbri ynfytach gan undyn yn unman erioed. Y tristwch yw fod y duedd barod i ledaenu heresïau o'u bath ac o ledaenu athrawiaethau gau yn llawer rhy nodweddiadol o nifer o'r mewnfudwyr a ddewisodd er hynny ymgartrefu yn ein plith – er o feddwl, hwyrach mai estyn ein tosturi at y cyfryw rai a ddylem, tosturio wrth eu cyflwr, cydymdeimlo â'u hanwybodaeth, eu . . . ac am eu bod nhw fel ag y maen nhw . . .

Ond o leia, y tro hwn, fe roddodd sylw anffodus un ohonynt gyfle i mi – os fymryn yn stranclyd ar gefn fy ngheffyl, i godi ar fy mocs sebon ac i ddwyn Carreg-lefn i mewn i ryw fath o drafodaeth unwaith yn rhagor. A choelia i fyth nad yw hwnnw'n destun amgenach i draethu arno na bod dyn yn glafoerio am ogoniannau stadiwm y Bethlehem F.C. neu'r problemau astrus a ddaw yn sgil ffioedd trosglwyddo cicwyr pêl Manchester United. Nid, rwy'n eitha' parod i gydnabod, y byddai unfrydedd llwyr ynghylch hynny chwaith. Onid pawb â'i fys ple bo'i ddolur yw hi ar hyd y bedlan?